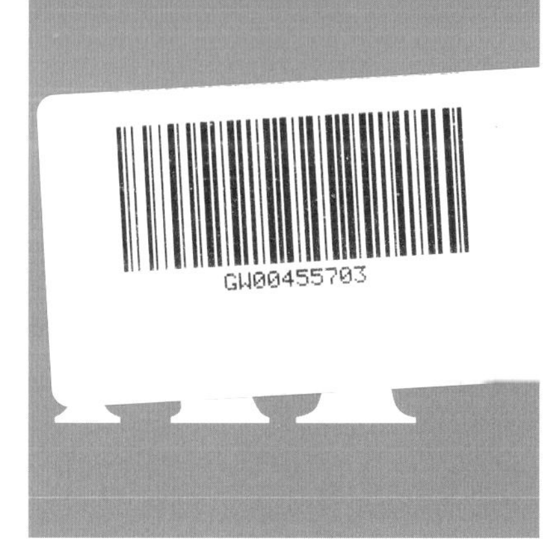

Anne Buscha ♦ Szilvia Szita

Begegnungen

Deutsch als Fremdsprache

Lehrerhandbuch

Sprachniveau A1+

2., veränderte Auflage

Mit Zeichnungen von Jean-Marc Deltorn

SCHUBERT-Verlag
Leipzig

Die Autorinnen von **Begegnungen** sind Lehrerinnen am Goethe-Institut Niederlande und verfügen über langjährige Erfahrungen in Deutschkursen für fremdsprachige Lerner.

Bitte beachten Sie unser Internet-Angebot mit zusätzlichen Aufgaben und Übungen zum Lehrwerk unter:

www.aufgaben.schubert-verlag.de

Zeichnungen: Jean-Marc Deltorn
Layout und Satz: Diana Becker

5.	4.	3.	2.	Die letzten Ziffern bezeichnen Zahl
2016	15	14	13	und Jahr des Druckes.

Alle Drucke dieser Auflage können, da unverändert, nebeneinander benutzt werden.

2., veränd. Auflage 2011

Printed in Germany
ISBN: 978-3-941323-13-1

Zu Begegnungen A1+ stehen kostenlose Zusatzmaterialien für die Arbeit am Whiteboard/Smartboard zur Verfügung.

Die Materialien finden Sie unter: *www.schubert-verlag.de/a1_whiteboard.php.*

Allgemeine Hinweise zur Arbeit mit Begegnungen A1+

Vorbemerkungen zum Buch

Begegnungen A1+ ist ein modernes und kommunikatives Lehrwerk für den Anfängerunterricht. Es richtet sich an erwachsene Lerner, die auf schnelle und effektive Weise Deutsch lernen möchten. Das Lehrbuch berücksichtigt die sprachlichen, inhaltlichen und intellektuellen Anforderungen erwachsener Lerner bereits auf dem Niveau A1 des Europäischen Referenzrahmens für Sprachen.

Die Konzeption des Lehr- und Arbeitsbuches geht von folgenden Eckpunkten aus:

- logischer und klar strukturierter **Aufbau**, der den Lernenden einen selbstständigen und einfachen Umgang mit dem Lehrstoff ermöglicht,
- **Progression**, die erwachsenen Lernern angemessen ist und in Verbindung mit einem durchdachten Wiederholungssystem einen schnellen und zugleich nachhaltigen Lernerfolg sichert,
- interessante **Themen**, die sich an der Erfahrungswelt erwachsener Deutschlerner orientieren und auch die Interessen außerhalb Deutschlands lebender Sprachlerner einbeziehen,
- enge Verbindung von konzentrierter **Grammatik- und Wortschatzarbeit**, die eine bewusste und eigenständige Arbeit der Lernenden fördert,
- zielgerichtete Einbindung von für erwachsene Lerner wesentlichen und interessanten **landeskundlichen Informationen** in den Lernstoff,
- ausgewogene Entwicklung **produktiver und rezeptiver Sprachfähigkeiten** unter Einbeziehung anspruchsvoller, aber dem jeweiligen Sprachniveau angepasster Lese- und Hörtexte,
- schwerpunktmäßige Vermittlung wesentlicher **phonetischer Erscheinungen** der deutschen Sprache im Rahmen der allgemeinen Progression des Sprachstoffs,
- **Integration von Kurs- und Arbeitsbuch** in einem Band zur Förderung bewusster, zielgerichteter und effektiver Lernarbeit.

Lehrerinnen und Lehrer sind motiviert und intelligent – Kursteilnehmerinnen und Kursteilnehmer sind es auch. Sie sollten sich nicht unterfordert fühlen und auf gar keinen Fall im Deutschunterricht langweilen.

Zur Unterstützung einer abwechslungsreichen und lernorientierten Gestaltung des Unterrichts sind in diesem Buch zusammengestellt:

- **unterrichtspraktische Hinweise**: Da die Aufgaben und Themen so strukturiert sind, dass der Lehrer als auch der Lerner jeden Schritt nachvollziehen kann, bieten wir in diesem Teil vor allem mögliche weiterführende, einleitende oder überleitende Fragen und Übungen an. Außerdem sind wir davon überzeugt, dass der Lehrer vor Ort am besten weiß, wie er in seiner konkreten Unterrichtssituation vorgehen sollte.
- zahlreiche **Arbeitsblätter**, die eine erhebliche Reduzierung der Vorbereitungszeit des Lehrers ermöglichen und als Kopiervorlagen genutzt werden können.

Unterrichtspraktische Hinweise

Die unterrichtspraktischen Hinweise beinhalten Vorschläge zur Arbeit mit einzelnen Aufgaben des Buches und mit den Kopiervorlagen sowie für weiterführende Übungen und Hausaufgaben.

Das Lehrbuch **Begegnungen A1+** umfasst insgesamt **8 Kapitel**, die jeweils in die **Teile A** (Kernprogramm), **B** (fakultatives Zusatzangebot), **C** (Grammatik- und Wortschatzübungen) und **D** (Redemittel und Evaluation) unterteilt sind.
Das Lehrerhandbuch konzentriert sich auf das Kernprogramm im **Teil A,** dem jeweils die Übungen zu Grammatik und Wortschatz **(Teil C)** zugeordnet werden. Sie finden also die Verweise auf den grammatisch-lexikalischen Übungsteil unter den Hinweisen zum Kernprogramm.

Die Hinweise zum fakultativen **Teil B** (Wissenswertes) sind kurzgefasst. Dieser Teil ist für sehr interessierte Lerner gedacht, die schon auf dem Niveau A1 mehr wissen und lernen wollen, als es die Niveaubeschreibung im Europäischen Referenzrahmen vorsieht.

Als schnelle und effiziente **Wiederholung für die Redemittel und die Verben von Teil D** eignen sich unter anderem folgende Übungen:

Wiederholungsübung für die Redemittel

Sofern im Kurs eine andere Vermittlungssprache als Deutsch eingesetzt wird, können die Kursteilnehmer die Redemittel in dieser Sprache auf **kleine Karten** schreiben. Auf jeder Karte sollten mindestens drei bis vier Sätze stehen, eventuell mit ihrer deutschen Übersetzung auf der Rückseite. Am Anfang der Unterrichtsstunde **zieht jeder Kursteilnehmer eine Karte** und **übersetzt die Sätze ins Deutsche.** (Der Kursleiter kann entscheiden, ob er alle oder nur bestimmte Karten einsetzt.)

Wiederholung für die Verben

Der Kursleiter schreibt einige **Verben** aus der Verbenliste an die Tafel. Die Teilnehmer **sammeln** möglichst viele **passende Nomen** (eventuell als Wettbewerb). Zu jedem Kapitel gehört auch ein Arbeitsblatt mit einer ähnlichen Aufgabe (Grammatik- und Wortschatztraining), das zusätzlich eingesetzt werden kann.

Allgemeine Tipps für den Unterricht

1. Korrektur nach Dialogarbeit/Vortrag

Nach unserer Erfahrung wollen erwachsene Lerner möglichst oft korrigiert werden. Um die Diskussion oder den Kurzvortrag nicht unterbrechen zu müssen, kann die Fehlerkorrektur z. B. folgendermaßen durchgeführt werden:

1. Notieren Sie sich die fehlerhaften Ausdrücke während der Dialogarbeit/des Vortrags.
2. Schreiben Sie dann die fehlerhaften Ausdrücke an die Tafel und lassen Sie die Stelle des Fehlers leer, z. B.: *Ich bin in d......... Wohnung. Er arbeit......... als Lehrer.*
3. Bitten Sie Kursteilnehmer, den Satz zu ergänzen. (Auf diese Weise wird die Wiederholung von falschen Sätzen vermieden.)

2. Korrektur per E-Mail

Sofern die Lerner Hausaufgaben und Übungen per E-Mail an den Kursleiter übermitteln, sollte eine effiziente Methode zur übersichtlichen Fehlerkorrektur verwendet werden. Dafür eignet sich die Funktion „Änderungen (verfolgen)" moderner Textverarbeitungsprogramme (Word, OpenOffice Writer) besonders gut. Dabei werden die vom Kursleiter durchzuführenden Korrekturen in einer anderen Farbe ins Ursprungsdokument eingetragen (ohne es endgültig zu ändern), so dass der Lerner die Änderungen genau verfolgen kann. Nach Rücksendung kann der Lernende die korrekten Lösungen speichern und den Text/die Übung später zur Wiederholung bzw. Prüfungsvorbereitung nutzen.
Wenn diese Korrekturmethode zu steril erscheint, besteht auch die Möglichkeit, den Aufsatz des Lerners zweimal hintereinander in ein Dokument zu kopieren und nur den zweiten Text zu korrigieren. Der Lerner hat so seinen ursprünglichen und den korrigierten Text übersichtlich beieinander; der Kursleiter kann die Korrektur individuell gestalten und dabei weiterführende Hinweise für die Lernarbeit geben.

3. Korrektur der Aussprache

Die Aussprache der Lerner sollte von Anfang an korrigiert werden. Greifen Sie dabei nach Möglichkeit auf Wörter zurück, mit deren Aussprache die Schüler vertraut sind. Beispielsweise könnte das Wort *Fußball* zur Übung der *ß*- und *u*-Laute und das Wort *Deutsch* zur Übung der *eu*- und *tsch*-Laute benutzt werden.
Um Schwerpunkte zu setzen, orientieren Sie sich an den Phonetikübungen des jeweiligen Kapitels.

4. Arbeit in Zweiergruppen: einen Gesprächspartner finden

Um zu vermeiden, dass immer die gleichen Teilnehmer eine Kleingruppe bilden, kann der Kursleiter spielerische Mittel einsetzen, die die Einteilung der Gruppen dem Zufall überlassen.
So könnten beispielsweise in Kapitel 4 (Essen und Trinken) diejenigen, die keinen/einen/zwei/mehr als zwei Kaffee pro Tag trinken, in Kapitel 5 (Monate) diejenigen, die in demselben Monat/derselben Jahreszeit geboren sind, eine Kleingruppe für eine bestimmte Dialogübung bilden, in Kapitel 6 (Farben und Kleidungsstücke) diejenigen, die ein dunkles/weißes/blaues Hemd tragen usw.
Die Gesprächspartner können sich auch über die passende Kärtchenhälfte finden (s. Arbeitsblätter).

5. Redemittel und Wortvorgaben

Die Übungen im Lehrbuch und die Arbeitsblätter enthalten, wo nötig, Redemittel und Wortvorgaben, die eine Kleingruppenarbeit ohne Lehrerbetreuung ermöglichen. Lesen Sie die Redemittel und Vorgaben vor dem Beginn der Diskussion immer vor und klären Sie ihre Bedeutung.

6. www.aufgaben.schubert-verlag.de

Hier ist ergänzendes Übungs- und Lernmaterial zum Lehrbuch zusammengestellt. Neben Übungen, die die Lerner online ausführen können, sind hier auch verschiedene Arbeitsblätter zu finden. Daneben gibt es Internet-Suchaufträge, durch die die Einbeziehung aktueller Informationen zum Buch gefördert und eine kreative, weiterführende Beschäftigung der Lernenden mit deutschsprachigem Material unterstützt wird. Die Materialen können als Ergänzung zum Unterricht oder für die außerunterrichtliche Beschäftigung der Kursteilnehmer mit der deutschen Sprache eingesetzt werden. Der Kursleiter ist so – in Verbindung mit der Nutzung der in diesem Buch abgedruckten Arbeitsblätter – in der Lage, ein auf den Sprachstand seiner Gruppe bzw. der einzelnen Teilnehmer genau abgestimmtes zusätzliches Übungsangebot einzusetzen.

Arbeitsblätter

Das Lehrerhandbuch enthält zu jedem Kapitel:

- **neun kommunikationsorientierte Arbeitsblätter zu Teil A**, die der interaktiven Vertiefung von Wortschatz und Grammatik dienen (Rollenspiele, Wechselspiele, Karten, Dialoggerüste usw.),
- ein Arbeitsblatt, das die neu eingeführte **Grammatik mit Wortschatztraining** kombiniert (auch zur Wiederholung einsetzbar),
- einen **Wiederholungstest**,
- eine **Vorbereitungsübung** auf ein Modul der **Prüfung „Start Deutsch“** (Niveau A1).

Am Ende des Buches finden Sie die Lösungen zu den Arbeitsblättern.

Methodische Hinweise zu den einzelnen Kapiteln

KL = Kursleiter KT = Kursteilnehmer Aus Platzgründen wird nur die männliche Form verwendet.

Kapitel 1

Im Phonetikteil dieses Kapitels werden die Satzmelodie sowie die Aussprache der *sp-*, *sch-* und *ei-* Laute geübt. Bei der Korrektur sollte KL auf diese Aspekte besonders achten.

Begrüßung, Vorstellung, Aktivierung der Vorkenntnisse

Vorstellung

KL schreibt den folgenden Satz an die Tafel: *Guten Abend! Ich heiße … Wie heißen Sie?*, dann wendet er sich an KT 1 und begrüßt ihn mit diesem Satz. KT 1 beantwortet die Frage, wendet sich an KT 2 und begrüßt ihn usw.

Einführung in die deutsche Sprache

1. KL bittet KT, deutsche Wörter (z. B. Städte, Automarken) zu nennen, KL schreibt diese an die Tafel und spricht sie aus.
2. KL kann zusätzlich z. B. folgende Wörter an die Tafel schreiben: *Musik – Name – Deutsch – Hallo – Fußball – Medizin* (Diese Wörter kommen im Kapitel vor.).
3. Es werden einige Regeln zur Aussprache formuliert (*s, z, tsch, eu* usw.). KL macht KT auf die konsequente Aussprache im Deutschen aufmerksam: Da die meisten Buchstaben immer gleich ausgesprochen werden, können bekannte Wörter auch bei der richtigen Aussprache neuer Vokabeln helfen.

Seite 8
1. KL grüßt KT mit allen Begrüßungsformeln, KT grüßen zurück.
2. KL schreibt verschiedene Uhrzeiten an die Tafel, KT stehen auf und grüßen sich entsprechend der Uhrzeit (evtl. mit Händeschütteln).

A1
KT lesen und hören die Texte, KL klärt die unbekannten Wörter. (Bekannte und/oder internationale Wörter können hervorgehoben werden.)

A2
1. KT lesen, hören und wiederholen die Fragen und Antworten, danach blättern sie zu den Kurztexten zurück. KL stellt die Fragen aus A2, KT hören gut zu und beantworten sie anhand der Texte.
2. KT bilden Zweiergruppen und stellen mithilfe der Fragen und Antworten aus A2 Sarah Mounier vor.

A3
1. KT lesen und hören die Ländernamen.
2. KL wendet sich an KT 1 und sagt, woher er kommt: *Ich komme aus … (Deutschland/Köln). Woher kommen Sie?* KT 1 beantwortet die Frage und stellt sie dann an KT 2 usw.

A4
1. KT diskutieren in Zweiergruppen und schreiben ihre Antworten auf.
2. KL spielt die Lösungen von der CD vor, KT korrigieren ihre Antworten.
3. KL kann KT bitten, eine bekannte Person aus dem Heimatland zu nennen, z. B: *Ich komme aus Schweden. Greta Garbo kommt (auch) aus Schweden.*

A5–10
1. KT lösen A5 in Stillarbeit.
2. A6 dient zur Einübung der Satzmelodie, die in A7 eine wichtige Rolle spielt.
3. KT diskutieren in Zweiergruppen und füllen A7 aus. Danach stellen sie ihren Gesprächspartner vor.
4. KL bittet KT 1, KT 2 eine Frage über jemanden in der Gruppe zu stellen, z. B.: *Louis, woher kommt Anja?* KT 2 beantwortet die Frage und stellt KT 3 eine andere Frage.

Es wird bestimmt vorkommen, dass KT einen Namen nicht gut verstehen. Das ist ein guter Anlass, auf die Wichtigkeit des Alphabets hinzuweisen. Solch eine Anmerkung kann als Überleitung von A6 zu A7 (Alphabet) dienen.

Zum weiteren Arbeitsvorgang: s. Anweisungen im Buch

Arbeitsblatt 1: Städte buchstabieren

Wortschatz: Städtenamen, Buchstaben
Grammatik: kein besonderer Schwerpunkt

1. KL macht Kärtchen und teilt sie aus. Jeder kann eine oder mehrere Karten bekommen.
2. KT 1 buchstabiert den Namen der Stadt auf dem eigenen Kärtchen. KT schreiben mit und sagen dann den Namen. Das Spiel geht so lange, bis alle KT ihre Städte buchstabiert haben.
3. KL bittet KT, die Länder, in denen die Städte liegen, zu nennen.

A11
1. KT buchstabieren ihren Namen, ihre Heimatstadt und ihr Heimatland in Kleingruppen oder im Plenum und tragen ihre Antworten im Buch ein (s. Anweisungen im Buch).
2. Einige Antworten werden im Plenum kontrolliert.

A12–14
1. KT hören und ergänzen die Berufe.
2. KL und KT formulieren die Regel für die Bildung männlicher und weiblicher Berufsbezeichnungen. (Männliche Berufe enden oft auf *-er*, weibliche Berufe auf *-in*.)
3. KL kann KT bitten, den Beruf der in A4 erwähnten Berühmtheit aus dem Heimatland zu nennen.

Zum weiteren Arbeitsvorgang: s. Anweisungen im Buch

Arbeitsblatt 2: Wie heißen die Berufe?

Wortschatz: Berufsbezeichnungen
Grammatik: Endung *-in*

KT füllen das Arbeitsblatt in Zweiergruppen aus.

Variante (Wettbewerb):
KT versuchen, sich in 30 Sekunden möglichst viele Berufsbezeichnungen zu merken, und füllen dann bei geschlossenem Buch das Arbeitsblatt aus.

A15–16 Übungen zu Konjugation: s. Anweisungen im Buch

Grammatikübersicht und Übungen: C1–3

A17–19 Übungen zu Ländern und Sprachen: s. Anweisungen im Buch

Arbeitsblatt 3: Länder und Sprachen

Wortschatz: Länder und Sprachen
Grammatik: kein besonderer Schwerpunkt

1. KL teilt die Kärtchen aus: Jeder bekommt nur eins. Auf jeder Karte steht der Name eines Landes oder einer Sprache. Die Aufgabe ist, die passende Sprache oder das passende Land zu der eigenen Karte zu finden (z. B.: *Spanien – Spanisch*).
2. KT stehen auf und vergleichen ihre Karten. Diejenigen, deren Wörter zusammengehören, bilden eine Zweiergruppe für A20.
3. Die Wörter werden im Plenum vorgelesen (evtl. nur das Land, KT müssen die Sprache nennen).

A20–21 Übungen zu Possessivartikel und Diphthong *ei*: s. Anweisungen im Buch
KL erklärt die Funktion der Possessivartikel, deren Aussprache in A21 geübt wird. (Die Possessivartikel *unser, euer* werden erst im nächsten Kapitel behandelt.)

A22–28 A22: In den ersten Sätzen liest KL die Zahlen vor und bittet KT, sie zu wiederholen. Ab der Hälfte der Übung sollten KT versuchen, die Zahlen ohne Hilfe von KL auszusprechen.

Zum weiteren Arbeitsvorgang: s. Anweisungen im Buch (Zahlen)

Grammatikübersicht und Übungen: C12–14

Arbeitsblatt 4: Zahlenbingo

Wortschatz: Zahlen
Grammatik: kein besonderer Schwerpunkt

1. Die Übung ist ein Zahlenbingo. KT kreuzen auf ihrem Arbeitsblatt fünf beliebige Zahlen an.
2. KL sagt Zahlen, KT kreuzen diese mit einer anderen Farbe an.
3. Das Spiel geht so lange, bis einer der KT alle seine fünf Zahlen gehört hat. Dann ruft er: *Bingo!*
4. KL kann den Sieger bitten, seine Zahlen vorzulesen.

Alternative:
KL macht 100 kleine Kärtchen mit den Zahlen und steckt diese in einen Briefumschlag oder in eine kleine Tüte. KT ziehen der Reihe nach Kärtchen und sagen die Zahl, die darauf steht. Auf diese Weise nehmen KT aktiver am Spiel teil.

A29 Diese Aufgabe dient der kombinierten Wiederholung der Buchstaben und Zahlen. KL kann KT bitten, das eigene Autokennzeichen zu nennen, die Gruppe notiert es.

A30–33 Übungen zu Satzbau, Konjugation: s. Anweisungen im Buch

A34–36 Mögliche Überleitung:
KL schreibt die Namen und den Verwandtschaftsgrad der Familienmitglieder (*die Mutter von …, die Schwester von …* usw.) aus A34 an die Tafel und fragt: *Was meinen Sie? Wer ist wer?* KT raten, anschließend vergleichen sie ihre Antworten mit dem Text. Auf diese Weise werden die Bezeichnungen für die Familienmitglieder vor dem Lesen eingeführt.

Kurztexte und Aufgaben zu Familienmitglieder: s. Anweisungen im Buch

Grammatikübersicht und Übungen: C4–11

Arbeitsblatt 5: Familie Behrens

Wortschatz: Angaben zur Person (Alter, Familienstand, Beruf, Hobby)
Grammatik: Konjugation, Satzbau

1. Auf dem Arbeitsblatt sind die Informationen aus A34 in Stichworten zusammengefasst.
2. KT arbeiten im Plenum, in Zweiergruppen oder allein und stellen sich im Namen einer dieser Personen vor.

Variante:
KL macht kleine Karten (jeder bekommt nur eine davon). KT schreiben einen kurzen Text in 1. Person Singular und lesen ihn vor, evtl. ohne den Namen zu sagen. Die anderen KT raten, von wem der Text handelt und/oder korrigieren nur die Grammatikfehler.

A37–39 Übungen zu Konjugation: s. Anweisungen im Buch

Arbeitsblatt 6: Welche Antwort passt?

Wortschatz: kein besonderer Schwerpunkt
Grammatik: Satzbau

1. KT bilden Zweiergruppen: KT 1 hat Arbeitsblatt A, KT 2 hat Arbeitsblatt B. Auf den Arbeitsblättern stehen Fragen und jeweils zwei mögliche Antworten auf die Fragen des Gesprächspartners.
2. KT spielen anhand der Fragen und Antworten kurze Dialoge und schreiben diese auch auf. (Die Satzmelodie kann vor dem Spiel ggf. mit A6 wiederholt werden.)
3. Zum Schluss werden die zehn kurzen Dialoge noch einmal im Plenum gespielt.

A40 Angaben zur Person: s. Anweisungen im Buch

Arbeitsblatt 7: Infobörse

Wortschatz: Angaben zur Person
Grammatik: Satzbau

1. Es werden mehrere Kleingruppen mit jeweils 3 bis 4 KT gebildet.
2. KT diskutieren und notieren sich die Informationen über die Gesprächspartner und sich selbst auf dem Arbeitsblatt.
3. Wenn das Blatt ausgefüllt ist, wählt sich jedes Mitglied der Gruppe 1 einen Gesprächspartner aus Gruppe 2 (oder aus einer anderen Gruppe) und gibt ihm die gehörten Informationen weiter. Dann werden die Rollen getauscht.
4. Die interessantesten Informationen werden im Plenum vorgestellt.

A41 KL kann KT bitten, Familienfotos in den Kurs mitzubringen.

Arbeitsblatt 8: Wer sind diese Menschen?

Wortschatz: Angaben zur Person
Grammatik: Satzbau

1. KT arbeiten in Kleingruppen. Jede Kleingruppe wählt sich eine oder mehrere Personen aus und schreibt einen kurzen Text über sie.
2. Die Kurztexte werden im Plenum vorgelesen und, wenn nötig, korrigiert.

A42 Übungen zu Angaben zur Person: s. Anweisungen im Buch

Mögliche weiterführende Übung:
KL schneidet Fotos aus Magazinen aus und verteilt sie unter KT. Jeder bekommt ein Foto und erfindet einige Angaben zu der abgebildeten Person. Dann wird sie im Plenum vorgestellt.

Ratespiel:
KL denkt an eine berühmte Person. KT stellen Fragen, KL antwortet mit ja oder nein. Wer die Person herausgefunden hat, denkt nun an eine Berühmtheit, und so setzt sich das Spiel immer weiter fort.

Arbeitsblatt 9: Satzbautraining

Lernziel: Wortschatz und Grammatik des Kapitels vertiefen

1. KT bilden Zweiergruppen: KT 1 hat Arbeitsblatt A, KT 2 hat Arbeitsblatt B. Aus dem ursprünglichen Satz werden mithilfe der Vorgaben neue Sätze gebildet.
2. In Teil A bildet KT 2 Sätze, KT 1 kontrolliert und korrigiert ihn.
3. In Teil B werden die Rollen getauscht.

Arbeitsblatt 10: Grammatik- und Wortschatztraining

Grammatik- und Wortschatzübungen zur Konjugation (nach A38 jederzeit einsetzbar)

Arbeitsblatt 11: Wiederholungstest

Der Test gibt KT Gelegenheit, sich zu überprüfen und eventuelle Fragen zu klären.

Arbeitsblatt 12: Prüfungsvorbereitung „Start Deutsch"

Zusammenfassende Übung und Vorbereitung auf die Prüfung *„Start Deutsch": Sprechen, Teil 1.* Dieser Prüfungsteil ist immer gleich. Die Kandidaten stellen sich mithilfe der auf dem Arbeitsblatt vorgegebenen sieben Wörter kurz vor. Zur Beschreibung dieses Prüfungselements s. S. 227 im Lehrbuch.

B1 *fakultativ*
1. KT lesen die Statistik und bilden dann einige Sätze im Plenum.
2. Danach werden Zweiergruppen gebildet. KT 1 deckt die rechte, KT 2 die linke Statistik ab, und sie stellen sich gegenseitig Fragen über die Statistiken.
   (Evtl. können KT die Antworten zuerst notieren und dann mit dem Buch vergleichen.)

B 2 *fakultativ*
Quiz: s. Anweisungen im Buch

Variante zur Wiederholung der Zahlen:
1. KT bilden Kleingruppen, diskutieren und kreuzen die ihrer Meinung nach richtigen Antworten an.
2. Die Antworten werden im Plenum kontrolliert: Jede Gruppe hat 10 Euro, jede richtige Antwort ist 10 Punkte wert, für jede falsche Antwort verliert die Gruppe 5 Euro. Nach jeder Frage rechnen die Gruppen aus, wie viel Geld sie haben, KL schreibt den Betrag an die Tafel.

B 3-4 *fakultativ*
Kurztexte über die deutschsprachigen Länder, kurze Vorstellung des Heimatlandes: s. Anweisungen im Buch

D s. Hinweise S. 5

Kapitel 2

Im Phonetikteil dieses Kapitels wird der Wortakzent geübt. Bei der Korrektur der Aussprache sollte KL auf diesen Aspekt besonders achten.

Einführung des Themas, Aktivierung der Vorkenntnisse

1. Zur Einführung des Themas können die Berufe der KT wiederholt werden. Danach schreibt KL Internationalismen (Bürogegenstände) an die Tafel: *Telefon, Computer, Fax, Internet, Dokument, Papiere, Kalender, Kaffeemaschine, Lampe* usw. KL spricht die Wörter vor, KT wiederholen sie. Dann fragt KL: *Ist das auch in Ihrem Büro?* KT beantworten die Frage mit den Namen von zwei oder drei Gegenständen auf folgende Weise: *Telefon: ja, Computer: nein* usw.
2. Die Liste kann mit den folgenden Personenbezeichnungen ergänzt werden: *der Chef, die Kollegin, die Sekretärin.*

A1
1. KL bittet KT, bei geschlossenem Buch möglichst viele Wörter und Ausdrücke aus dem Dialog zu notieren und spielt den Hörtext ein- oder zweimal vor. (Auf diese Weise können sich die KT z. B. die Internationalismen sofort einprägen.)
2. Der Dialog wird bei offenem Buch noch einmal angehört.
3. KL klärt die unbekannten Wörter. (Er kann schon in diesem Teil auf die drei Artikel hinweisen, z. B. durch gesteuerte Fragestellung: *Wie viele Artikel gibt es im Deutschen? Woher wissen Sie das?* o. ä.)

A2–4 Mögliche Überleitung:
KL bittet KT, alle aus A1 schon bekannten Bürogegenstände den Bildern zuzuordnen. Danach werden die unbekannten Wörter aus A2 geklärt.

Tabelle A2:
KL erklärt, dass im Deutschen auch Gegenstände maskulin, feminin oder neutral sind. Es können ggf. einige einfache Regeln zur Artikelbestimmung formuliert werden (*-e* meistens feminin, *-er* für Geräte und Maschinen maskulin).

Zum weiteren Arbeitsvorgang: s. Anweisungen im Buch

Grammatikübersicht und Übungen: C3–6

A5 Verneinung mit *kein/keine*: s. Anweisungen im Buch

Arbeitsblatt 1: Was fehlt hier?

Wortschatz: Bürogegenstände
Grammatik: Verneinung mit *kein/keine*

1. KT arbeiten in Zweiergruppen: KT 1 bekommt Arbeitsblatt A, KT 2 Arbeitsblatt B. Auf beiden Arbeitsblättern ist dasselbe Büro zu sehen, aber in dem Büro auf Arbeitsblatt B fehlen sieben Gegenstände. Die Aufgabe ist, diese zu finden.
2. KT notieren die Namen der Gegenstände, die sie auf ihrem Arbeitsblatt sehen.
3. Mithilfe der vorgegebenen Redemittel berichten sie über die Büros und versuchen die fehlenden Gegenstände zu finden. Die Zeichnung auf dem eigenen Arbeitsblatt darf man natürlich nicht zeigen! (*Lösung: Papier im Drucker, Wörterbuch, Laptop, drei Bleistifte, Handy, Kugelschreiber, Tasse*)

A6–7 Wiederholung der Zahlen, Preise nennen, Gegenstände kurz beschreiben: s. Anweisungen im Buch

A8–13 A8: Text: Probleme im Büro: s. Anweisungen im Buch
A9: KL erklärt mithilfe von Tabelle A9 den Unterschied zwischen *nicht* und *kein* und die Funktion der Adjektivendungen nach dem unbestimmten Artikel: Sie weisen auf den Genus hin.
A11–13: Artikel- und Adjektivendungen, Verneinung: s. Anweisungen im Buch

Grammatikübersicht und Übung: C2

Arbeitsblatt 2: Gegenteile ziehen sich an …

Wortschatz: Adjektive aus A12
Grammatik: kein besonderer Schwerpunkt

1. KL teilt die Karten aus: Jeder KT bekommt nur eine. KT sollen die Person mit dem Gegenteil des Adjektivs auf ihrer Karte finden. Mit dieser Person bilden sie eine Zweiergruppe für die Dialogarbeit auf Arbeitsblatt 3.
2. KT stehen auf, vergleichen ihre Karten und finden den Gesprächspartner.
3. Die Adjektivpaare werden im Plenum vorgelesen.

Arbeitsblatt 3: Wir gehen einkaufen

Wortschatz: Zahlen, Adjektive und Nationalitäten
Grammatik: Artikel- und Adjektivendungen

1. KL teilt die Arbeitsblätter aus: KT 1 bekommt Arbeitsblatt A, KT 2 Arbeitsblatt B. Wir sind in einem Geschäft, brauchen Informationen über einige Produkte und wenden uns deshalb an den Verkäufer. In Teil A ist KT 1 der Käufer, KT 2 der Verkäufer, in Teil B werden die Rollen getauscht.
2. Die Gegenstände auf den Bildern werden im Plenum genannt.
3. KT diskutieren in Zweiergruppen und ergänzen die fehlenden Informationen.
4. Einige Dialoge werden im Plenum vorgestellt.

A14–18 Universitäts-Abteilungen kurz beschreiben: s. Anweisungen im Buch

Mögliche weiterführende Übung nach A18:

1. KL stellt folgende Frage: *Gibt es diese Abteilungen auch an Ihrem Arbeitsplatz?*
2. KT beantworten die Frage (im Plenum oder in Kleingruppen), z. B.: *Bei Philips/uns gibt es auch eine Kantine/viele Büros. Bei uns gibt es keine Kantine.* usw. KT sollten hier nur die im Lehrbuch eingeführten Wörter benutzen. KL kann ggf. weitere Wörter an die Tafel schreiben (z. B. wenn ein Arzt in der Gruppe ist: Wartezimmer, Sprechzimmer usw.), aber das Ziel der Übung sollte die Vertiefung der Nomen aus A14 sein.
3. Einige Arbeitsplätze werden im Plenum kurz vorgestellt.

Grammatikübersicht und Übungen: C1, C7–8

Arbeitsblatt 4: Der Campus

Wortschatz: Universitäts-Abteilungen, einfache Tätigkeiten
Grammatik: Konjugation von *können*

1. KL teilt die Arbeitsblätter und die Kärtchen aus: Jeder bekommt ein Arbeitsblatt und ein Kärtchen dazu.
2. Aufgabe 1: KL diktiert die Namen der Gebäude, KT tragen diese auf dem Arbeitsblatt ein. Die Rechtschreibung wird mit A14 korrigiert.
3. Aufgabe 2: Die Wörter werden nach Artikeln geordnet (evtl. können einige Regeln zur Artikel- und Pluralbestimmung formuliert werden, z. B.: Wörter auf *-ung* sind feminin und bekommen *-en* im Plural, Maschinen auf *-er* sind maskulin und bekommen keine Pluralendung).
4. Aufgabe 3: Wir machen einen Rundgang auf dem Campus. Jeder KT ist „Fremdenführer" in dem Gebäude, dessen Name auf seiner Karte steht.
5. Nach einer kurzen Vorbereitungszeit stellen KT mithilfe der Vorgaben ihr Gebäude vor. (Bei zwei Kartensätzen stellen zwei KT ein Gebäude zusammen vor.)

A19 Übungen zu Freizeit und Hobbys: s. Anweisungen im Buch

Ergänzende Übung:
KL bittet KT, in Zweier- oder Dreiergruppen gemeinsame Freizeitbeschäftigungen zu suchen. (z. B.: *Ich fotografiere gern. Fotografiert ihr auch gern?* usw.) Die Informationen werden im Plenum vorgestellt.

A20–21 A20 wird im Plenum oder in Kleingruppen gelöst.

KL und KT formulieren die Regeln für die Konjugation der Verben mit Umlaut (*fahren*) und Vokalschwund (*sammeln*).
KL kann KT darauf aufmerksam machen, dass im Plural alle Verben bis auf *sein* regelmäßig konjugiert werden.

Übungen: C9–10

Arbeitsblatt 5: Hobbys

Wortschatz: Hobbys
Grammatik: Konjugation im Präsens

1. Aufgabe 1: KL teilt die Arbeitsblätter aus und bittet KT, die fehlenden Wörter zu ergänzen.
2. Aufgabe 2: Danach werden einige oder alle Verben auf folgende Weise konjugiert: KT 1 nennt 1. Person Singular, KT 2 nennt 2. Person Singular usw.

   Oder: KT würfeln der Reihe nach und geben die Verbform in der entsprechenden Person an (1 = *ich*, 2 = *du* usw.).

A22–24 Dialog über Freizeit und Hobbys, formelle und informelle Anrede: s. Anweisungen im Buch

Mögliches Aussprache- und Intonations-Training:
A23: KT lesen den Dialog (still oder laut), dann schließen sie das Buch. KL spielt den Dialog Satz für Satz vor und bittet KT, die Sätze zu wiederholen.
(Möglicher Schwerpunkt für die Aussprache: Wortakzent)
A25: KT und KL formulieren die Grundregeln zum Gebrauch der informellen und der formellen Anrede.

Übungen: C11–13, C15–16

Arbeitsblatt 6: In der Cafeteria (Rollenspiel)

Wortschatz: Hobby und Freizeit
Grammatik: Satzbau, Konjugation

1. KT üben mithilfe des Dialoggerüsts ähnliche Gespräche wie A23 ein.
2. Einige Dialoge werden im Plenum vorgestellt.
3. KT spielen den Dialog noch einmal, aber diesmal geben sie wahrheitsgetreue Antworten (am besten ohne Vorbereitungszeit, gleich im Plenum).

Aufgabe 1 kann auch so ausgeführt werden, dass KT nur die Ausdrücke zu ihrer eigenen Rolle sehen.

A25 Nomen-Verb-Konstruktionen zum Thema „Freizeit": s. Anweisungen im Buch

Arbeitsblatt 7: Das kann man … (Hobbys: Wörter sammeln)

Wortschatz: Nomen-Verb-Konstruktionen zum Thema „Freizeit"
Grammatik: kein besonderer Schwerpunkt

1. KL teilt alle Kärtchen aus: Jeder KT kann mehrere Karten bekommen.
2. KT öffnen das Buch bei A23, verdecken aber das Kästchen mit den Nomen.
3. Auf jeder Karte stehen zwei Nomen, die zu zwei verschiedenen Verben aus A25 passen. Einige Nomen sind neu, aber die meisten davon sind Internationalismen und werden deshalb sicher bekannt klingen. Wenn das Wort nicht verstanden wurde, sollte mit folgenden Redemitteln zurückgefragt werden: *Wie schreibt man das?/Noch einmal, bitte./Können Sie das wiederholen/ buchstabieren?* (Diese Redemittel kann KL vor Schritt 3 an die Tafel schreiben.)
4. KT 1 beginnt das Spiel, indem er das erste Wort auf seiner Karte vorliest und gleich auch das dazugehörende Verb nennt (z. B.: *Violine spielen*).
5. KT tragen die Nomen beim passenden Verb im Buch ein. Wenn jemand ein Nomen nicht verstanden hat, dann kann er KT mit der entsprechenden Karte bitten, es zu buchstabieren.
6. Das Kästchen im Buch wird aufgedeckt und die Rechtschreibung der Nomen kontrolliert.

A26–28 Wochentage und Freizeitbeschäftigungen: s. Anweisungen im Buch

Im Gespräch zu A26 können KT den Wortschatz aus A25 nochmals verwenden und auf diese Weise weiter vertiefen.

Arbeitsblatt 8: Dominospiel

Wortschatz: einfache Tätigkeiten, Wochentage
Grammatik: Konjugation

1. KL teilt die Dominos aus, KT bringen sie in die richtige Reihenfolge (evtl. als Wettbewerb).
2. Die Lösungen werden im Plenum kontrolliert.

Arbeitsblatt 9: Satzbautraining

Lernziel: Wortschatz und Grammatik des Kapitels vertiefen

1. KT bilden Zweiergruppen: KT 1 bekommt Arbeitsblatt A, KT 2 Arbeitsblatt B. Aus dem ursprünglichen Satz werden mithilfe der Vorgaben neue Sätze gebildet.
2. In Teil A bildet KT 2 Sätze, KT 1 kontrolliert und korrigiert ihn.
3. In Teil B werden die Rollen getauscht.

Arbeitsblatt 10: Grammatik- und Wortschatztraining

Grammatik- und Wortschatzübungen zu den Possessivartikeln (nach A21 jederzeit einsetzbar)

Arbeitsblatt 11: Wiederholungstest

Der Test gibt KT Gelegenheit, sich zu überprüfen und eventuelle Fragen zu klären.

Arbeitsblatt 12: Prüfungsvorbereitung „Start Deutsch"

Zusammenfassende Übung und Vorbereitung auf die Prüfung *„Start Deutsch": Sprechen, Teil 2.*
Die Kandidaten müssen eine beliebige Frage zu dem auf ihrer Karte vorgegebenen Wort stellen.
Zur Beschreibung dieses Prüfungselements s. S. 227 im Lehrbuch.

B1–2 *fakultativ*
Über Hobbys sprechen, eine Statistik beschreiben: s. Anweisungen im Buch

D s. Hinweise S. 5

Kapitel 3

Im Phonetikteil dieses Kapitels wird die Aussprache des *-er, ü* und *ö* geübt. Bei der Korrektur sollte KL auf diese Aspekte besonders achten.

Einführung des Themas, Aktivierung der Vorkenntnisse

1. Zur Einführung des neuen Themas kann KL z. B. folgende Fragen stellen: *Schlafen Sie manchmal im Hotel? Welche Angaben muss man an der Rezeption angeben? Wie lauten die Fragen des Rezeptionisten?* KT sammeln in Zweiergruppen Fragen (Name, Adresse, Telefonnummer usw.) und beantworten diese für sich.
2. KL kann zum Thema folgende Internationalismen an die Tafel schreiben und vorsprechen: *das Hotel – der Balkon – die Minibar – das Restaurant – das Zimmer – die Tiefgarage – das Fitnesscenter – die Sauna.*

A1 Bei geschlossenem Buch beschreibt KL kurz das Thema (Dialog an einer Hotelrezeption) und spielt den Hörtext zweimal vor. KT haben die Aufgabe, den Preis des Zimmers und die Adresse von Herrn Heinemann (oder einfach möglichst viele Wörter) zu notieren. Danach wird der Dialog gelesen und gleichzeitig angehört. KL klärt die unbekannten Wörter und beantwortet eventuelle Fragen.

Übersicht zu den Gruß- und Abschiedsformeln:
1. KL spricht die Begrüßungen vor und erklärt ihren Gebrauch.
2. KT stehen auf und grüßen sich mit einer frei gewählten Begrüßungsform. (KT 2 reagiert auf die Begrüßung von KT 1.) Danach verabschieden sie sich und grüßen die nächste Person.
3. Das Spiel geht so lange, bis KL laut *Stopp!* sagt. Diejenigen, die sich gerade grüßen, bilden eine Zweiergruppe für A2.

A2 Mithilfe der Wortvorgaben spielen KT Kurzdialoge an der Hotelrezeption.
1. Statt den Akkusativ sofort zu erklären, sollte KL warten, bis KT nach einer Erklärung der veränderten Artikelendungen fragen (*einen* statt *ein* bei maskulin), ggf. kann er auch eine gesteuerte Frage stellen.
2. Die Regeln zum Gebrauch des Akkusativs werden formuliert und die Artikelendungen werden aufgeschrieben. KT kann hier verdeutlichen, dass es die Funktion des deutschen Kasussystems ist, eine flexible Wortfolge zu ermöglichen (im Gegensatz zum Englischen oder Französischen usw., wo die Wortfolge die Funktion des Wortes im Satz bestimmt).

Arbeitsblatt 1: Im Hotel (Rollenspiel)

Wortschatz: Dialog an der Hotelrezeption
Grammatik: kein besonderer Schwerpunkt

1. KT üben einen weiteren Dialog mithilfe des Dialoggerüsts ein und achten dabei bewusst auf den Gebrauch des Akkusativs.
2. Alle oder einige Dialoge werden im Plenum vorgestellt. KL kann KT bitten, die gehörten Fehler zu notieren und nach dem Gespräch zu korrigieren. Die Aufgabe kann auch so ausgeführt werden, dass KT nur die Ausdrücke zu ihrer eigenen Rolle sehen.

A3 Diese Übung dient der schriftlichen Vertiefung des Akkusativs.

Grammatikübersicht und Übungen: C1–2, C4, C8–9, C13, C16–17

Arbeitsblatt 2: Nominativ oder Akkusativ?

Wortschatz: kein besonderer Wortschatz
Grammatik: Unterschied zwischen Nominativ und Akkusativ, Verben mit Akkusativ

Variante 1:
Auf dem Arbeitsblatt stehen Sätze mit und ohne Akkusativergänzung, KT ordnen sie in die entsprechende Spalte (in Zweiergruppen oder allein). Die Aufgabe wird im Plenum kontrolliert.

Variante 2:
KL schreibt die Sätze auf Karten. Jeder KT bekommt eine oder zwei Karten. Er hat die Aufgabe, diese der richtigen Gruppe (an der Pinnwand/Magnettafel) zuzuordnen. (Das ist natürlich anschaulicher als Variante 1. Ein weiterer Vorteil ist, dass KT auf diese Weise die Tabelle bis zum Ende des Unterrichts vor sich haben.)

Arbeitsblatt 3: Haben Sie das in Ihrer Tasche?

Wortschatz: Gebrauchsgegenstände
Grammatik: Akkusativ

1. KL teilt die Arbeitsblätter aus, KT arbeiten in Zweiergruppen. Auf dem Arbeitsblatt sind verschiedene Gegenstände zu sehen. Wir möchten wissen, ob die Nachbarin/der Nachbar diese Gegenstände bei sich führt.
2. KT diskutieren mithilfe der vorgegebenen Redemittel.
3. Die interessantesten Informationen werden im Plenum vorgestellt.

Mögliche weiterführende Übung:

1. In lernstarken Gruppen bittet KL die KT, zwei oder drei Gegenstände aus ihrer Tasche auf den Tisch zu legen und ggf. deren Namen im Wörterbuch nachzuschlagen.
2. KT stellen ihre Gegenstände im Plenum vor, nützliche Wörter werden notiert.
3. Anschließend wählt jeder einen Gegenstand aus und begründet kurz, warum er diesen bei sich führt. (Der Konjunktor *denn* kann hier eingeführt werden.)

A4–9 KL führt das Thema „München“ ein, indem er z. B. folgende Fragen stellt: *Kennen Sie München? Wo liegt München? Kennen Sie Hotels in München? Möchten Sie München besuchen?* o. ä. (s. Karte im Lehrbuch)
Zum weiteren Arbeitsvorgang: Hotels beschreiben, ein Formular ausfüllen: s. Anweisungen im Buch

A7: In der Start-Deutsch-Prüfung müssen die Kandidaten ein ähnliches Formular ausfüllen.
Zur Beschreibung dieses Prüfungselements s. S. 226 im Lehrbuch.

Mögliche Hausaufgabe: Internet-Suchauftrag

1. KL gibt folgende Aufgabe: Wir suchen in Berlin ein Hotelzimmer für nächstes Wochenende, das bestimmten – von KL festgelegten – Kriterien entspricht (z. B. es soll in der Nähe des Flughafens Tegel sein, die Einzelzimmer dürfen nicht mehr als 100 Euro kosten usw.). Die Kriterien werden im Unterricht gemeinsam festgelegt.
2. KT suchen zu Hause im Internet nach passenden Angeboten, am besten auf Berlins offiziellen Seiten.
3. Die Suchergebnisse werden in der nächsten Unterrichtsstunde vorgestellt.

Arbeitsblatt 4: Ja oder nein?

Wortschatz: Hotel
Grammatik: Entscheidungsfragen

1. KL teilt die Kärtchen aus: Jeder bekommt eins. Auf jeder Karte steht eine Frage, die sowohl mit *ja* als auch mit *nein* beantwortet werden muss.
2. KT 1 stellt KT 2 seine Frage.
3. KT 2 beantwortet sie mit *ja*.
4. KT 3 beantwortet dieselbe Frage mit *nein*.
5. KT 2 liest seine Frage vor, KT 3 beantwortet sie mit *ja*, KT 4 mit *nein* usw.
6. Das Spiel geht so lange, bis alle Fragen beantwortet sind. (Auf diese Weise stellt jeder eine Frage und beantwortet zwei weitere mit *ja* bzw. mit *nein*.)

A10–11 Da im Phonetikteil die Aussprache des *-er* am Wortende geübt wird (A10), sollten KT in A11 auf diesen Aspekt besonders achten.

A12–13 Mögliche Überleitung: Kurze Diskussion im Plenum
KL stellt im Plenum folgende Frage: *Was für Probleme kann es in einem Hotel geben?* Wenn nötig, kann er einige Satzanfänge (*Es gibt kein(e) .../... ist kaputt.*) an die Tafel schreiben.

Zum weiteren Arbeitsvorgang: Probleme melden: s. Anweisungen im Buch

A12: Die Bedeutung des Präfixes *un-* kann definiert werden.

A14–15 Phonetik (*ö*): s. Anweisungen im Buch

In Gruppen, wo die Umlaute Probleme bereiten, kann KT KL bitten, in den Sätzen von A15 statt 1. Person Singular (*ich kann*) 1. Person Plural (*wir können*) zu benutzen.

Übersicht zur Nomengruppe:
Es wird hier keineswegs erwartet, dass KT alle Adjektivendungen lernen, aber KL sollte die Funktion des Signals (es zeigt Genus und Kasus) hervorheben.

A16–17 Übungen zu Nominativ und Akkusativ: s. Anweisungen im Buch

Grammatikübersicht und Übungen: C3–4, C10

Arbeitsblatt 5: Tauschbörse

Wortschatz: Bürogegenstände
Grammatik: Akkusativ

1. KL teilt die Kärtchen aus: Jeder KT kann mehrere Karten bekommen. Auf jeder Karte stehen die Zeichnung eines Gegenstandes und die Bezeichnung für einen anderen. Gegenstand 1 (Zeichnung) besitzt man, Gegenstand 2 (Wort) braucht man.
2. KL beginnt das Spiel. Er sagt z. B.: *Ich habe ... (einen modernen Laptop), aber ich brauche/möchte ... (eine neue Maus).*
3. KT mit der Zeichnung der Maus auf seiner Karte meldet sich und sagt: *Ich habe eine neue Maus, aber ich brauche/möchte ein großes Wörterbuch.* usw.
4. Das Spiel geht so lange, bis alle Gegenstände ausgetauscht worden sind. Die Kartenkette ist so gemacht, dass man nach den ersten acht Karten mit dem Spiel aufhören kann.

A18 Gebäude nennen und kurz beschreiben: s. Anweisungen im Buch
KL sollte die KT bitten, für die nächste Stunde Fotos von ihren Heimatstädten mitzubringen.

Arbeitsblatt 6: Wo kann ich hier ...?

Wortschatz: Gebäude, einfache Tätigkeiten
Grammatik: Konjugation von *können*, Satzbau mit Modalverb

1. KL teilt die Arbeitsblätter aus: KT 1 hat Arbeitsblatt A, KT 2 Arbeitsblatt B.
KT müssen in dieser Stadt verschiedene Sachen erledigen.
2. KT spielen anhand der Vorgaben kurze Dialoge: KT 1 stellt seine Fragen und KT 2 nennt das passende Gebäude. Danach werden die Rollen getauscht.
3. Die Antworten werden im Plenum besprochen.

A19 Phonetik (*ü*): s. Anweisungen im Buch

A20–21 Kurze Diskussion im Plenum:
Wenn KL weiß, dass KT Deutschland ein wenig kennen, kann er im Plenum folgende Frage stellen: *Kennen Sie Sehenswürdigkeiten in München?* KT beantworten die Frage kurz, dann schreibt KL die Namen der vier Sehenswürdigkeiten aus A20 und einige Stichwörter dazu an die Tafel. KT raten, welches Stichwort zu welcher Sehenswürdigkeit gehören könnte. Auf diese Weise machen KT sich schon vor dem Lesen und Hören der vier Texte mit den meisten Wörtern vertraut.

Zum weiteren Arbeitsvorgang: s. Anweisungen im Buch

Übungen: C7, C11–12, C14–15

A22–26 Zeitangaben: Wiederholung der Wochentage, Ausdruck der Regelmäßigkeit: *-s*, temporale Präpositionen. Zum genauen Arbeitsvorgang s. Anweisungen im Buch

Ergänzendes Rollenspiel zu A26 (im Plenum):
KL bittet KT 1, in einem der Museen Eintrittskarten für die ganze Gruppe/seine Familie/fünf Senioren usw. zu kaufen. KT 2 spielt den Verkäufer (möglichst ohne Vorbereitungszeit).

Grammatikübersicht und Übungen: C18–20

Arbeitsblatt 7: Ein Besuch in Berlin

Wortschatz: Sehenswürdigkeiten, Öffnungszeiten
Grammatik: Satzbau mit und ohne Modalverb, temporale Präpositionen

1. Aufgabe 1: KT diskutieren in Zweiergruppen und wählen zwei Sehenswürdigkeiten aus, die sie zusammen besuchen möchten. Die Entscheidungen werden im Plenum vorgestellt und kurz begründet.
2. Aufgabe 2: Im Plenum werden vier Dialoge am Museumseingang gespielt (möglichst ohne Vorbereitungszeit).

A27–29 Diese Aufgaben dienen der schriftlichen Wiederholung von Wortschatz und Grammatik dieses Kapitels.

A28: In der Start-Deutsch-Prüfung müssen die Kandidaten eine ähnliche E-Mail schreiben. Zur Beschreibung dieses Prüfungselements s. S. 226 im Lehrbuch.

Zum genauen Arbeitsvorgang: s. Anweisungen im Buch (E-Mail aus dem Urlaub)

Arbeitsblatt 8: Das Wochenendprogramm

Wortschatz: Tätigkeiten
Grammatik: Satzbau mit und ohne Modalverb, temporale Präpositionen

1. KT arbeiten in Kleingruppen. Jede Kleingruppe wählt eine oder mehrere Personen aus und erstellt mithilfe der Wortvorgaben ihr Tagesprogramm für Samstag.
2. Die Programme werden im Plenum vorgestellt.
3. Anschließend wird in Kleingruppen oder im Plenum das eigene Wochenendprogramm diskutiert. (Wenn das in Kleingruppen geschieht, dann werden die interessantesten Informationen im Plenum vorgestellt.)

Arbeitsblatt 9: Satzbautraining

Lernziel: Wortschatz und Grammatik des Kapitels vertiefen

1. KT bilden Zweiergruppen: KT 1 bekommt Arbeitsblatt A, KT 2 Arbeitsblatt B. Aus dem ursprünglichen Satz werden mithilfe der Vorgaben neue Sätze gebildet.
2. In Teil A bildet KT 2 Sätze, KT 1 kontrolliert und korrigiert ihn.
3. In Teil B werden die Rollen getauscht.

Arbeitsblatt 10: Grammatik- und Wortschatztraining

Grammatik- und Wortschatzübungen zu den Artikeln im Nominativ und Akkusativ (nach A15 jederzeit einsetzbar)

Arbeitsblatt 11: Wiederholungstest

Der Test gibt KT Gelegenheit, sich zu überprüfen und eventuelle Fragen zu klären.

Arbeitsblatt 12: Prüfungsvorbereitung „Start Deutsch"

Zusammenfassende Übung und Vorbereitung auf die Prüfung *„Start Deutsch": Lesen, Teile 2 und 3.*
In Teil 2 müssen die Kandidaten anhand der Vorgaben den richtigen von zwei Kurztexten auswählen.
In Teil 3 müssen sie über Aussagen zu Mitteilungen entscheiden, ob sie richtig oder falsch sind.
Zur Beschreibung dieses Prüfungselements s. S. 224–225 im Lehrbuch.

B1 *fakultativ*
KT diskutieren in Kleingruppen und ergänzen die Statistik.

B2 *fakultativ*
s. Anweisungen im Buch

Weiterführende Übung:
KT können auch die deutschen Städte kurz beschreiben, in denen sie schon einmal waren.

B3 *fakultativ*
Himmelsrichtungen: s. Anweisungen im Buch

B4–6 *fakultativ*
Kurztext über München und über die Heimatstadt berichten: s. Anweisungen im Buch
KL kann KT bitten, den Bericht über die Heimatstadt mit Fotos zu illustrieren. In besonders motivierten Gruppen oder in Gruppen, deren Muttersprache mit dem Deutschen nah verwandt ist (Niederländisch, Schwedisch usw.), kann KL KT bitten, nach deutschsprachigen Internet-Seiten über die Heimatstadt zu suchen.

D s. Hinweise S. 5

Kapitel 4

Im Phonetikteil dieses Kapitels wird die Aussprache des *au, eu, äu* und *ä* geübt. Bei der Korrektur sollte KL auf diese Aspekte besonders achten.

Einführung des Themas, Aktivierung der Vorkenntnisse

Zur Einführung des Themas kann KL folgende Frage stellen: *Was macht man in einem Hotel?* KT erstellen dazu eine Liste, auf der wohl die Verben *essen* und *trinken* stehen werden.
Danach kann KL folgende Frage stellen: *Was isst man, was trinkt man?* und dazu die folgenden, teilweise internationalen Wörter an die Tafel schreiben (evtl. nach Artikeln geordnet) und vorsprechen:
der Tee – das Brötchen – die Schokolade – der Apfel – die Butter – die Salami – die Banane – der Kaffee – der Joghurt – der Orangensaft.

A1–4 1. Dialog A1: Die Namen der Lebensmittel bleiben an der Tafel, KL fügt eventuell noch die Wörter *Brot, Käse, Schinken* hinzu und klärt ihre Bedeutung. KT haben die Aufgabe festzustellen, welche von den an der Tafel stehenden Wörter sie in A1 gehört haben.
2. Der Dialog wird bei geschlossenem Buch zweimal durchgespielt.
3. Der Text wird gelesen, KL klärt die unbekannten Wörter.

Zum weiteren Arbeitsvorgang (A2–4): s. Anweisungen im Buch

Übung zur Konjugation: C7

Arbeitsblatt 1: Frühstück im Hotel (Lückentext)

Wortschatz: Wortschatz von A1
Grammatik: Konjugation

Der Lückentext dient der Vertiefung der unregelmäßigen Konjugation. KT ergänzen den Text und kontrollieren ihre Antworten mit der CD oder dem Buch.

A5–6 Kurze Diskussion im Plenum:
KL stellt z. B. folgende Fragen: *Was essen Sie in einem Hotel zum Frühstück? Was ist ein englisches/amerikanisches/deutsches Frühstück?*
Danach wird der Text über das Frühstücksbüfett gelesen, die unbekannten Wörter werden geklärt.

A6: s. Anweisungen im Buch

A7 Phonetik (Diphthonge): s. Anweisungen im Buch

A8–9 A8: KL verdeutlicht die Funktion der Adjektivendung: Sie weist auf den Genus hin. Beim Vorlesen der Ausdrücke in A8 sollten KT besonders auf die Aussprache der Diphthonge achten.

Zum genauen Arbeitsvorgang: s. Anweisungen im Buch

Grammatikübersicht und Übungen: C1–2

A10 1. KT ordnen den Zeichnungen die Begriffe zu.
2. KL macht KT darauf aufmerksam, dass die femininen Nomen auf der rechten Seite, die maskulinen in der Mitte und die neutralen Nomen auf der linken Seite des gedeckten Tisches zu finden sind.

A11 KT füllen die Tabelle aus.
Danach können einige Grundregeln zur Pluralbildung formuliert werden, z. B.: feminine Nomen + *-n* (maskuline oder neutrale Nomen bekommen diese Endung selten), Fremdwörter auf *-o* + *-s*, nach *-er* meistens – –.

Grammatikübersicht und Übungen: C3–4

A12–13 Übungen zu Maß- und Mengenangaben: s. Anweisungen im Buch

Arbeitsblatt 2: Maß- und Mengenangaben

Wortschatz: Maß- und Mengenangaben, Lebensmittel
Grammatik: kein besonderer Schwerpunkt

1. KL teilt die Karten aus: KT bekommen jeweils eine Karte. Auf jeder Karte steht entweder der Anfang oder das Ende einer Maß- oder Mengenangabe.
2. KT stehen auf, vergleichen ihre Karten und suchen nach der passenden Kartenhälfte.
3. Die Ausdrücke werden im Plenum vorgelesen.
4. KT, deren Kärtchen zusammengehören, bilden eine Zweiergruppe für A14.

A14 KT beantworten einige Fragen im Plenum und diskutieren dann in Zweiergruppen.
Die interessantesten Informationen aus 14b werden im Plenum nacherzählt.

Grammatikübersicht und Übungen: C5–6

Arbeitsblatt 3: Mögen Sie ...?/Magst du ...?

Wortschatz: Wiederholung zum Thema „Freizeit"
Grammatik: Konjugation von *mögen*

1. KL spricht die Redemittel auf dem Arbeitsblatt vor und erklärt die Bedeutung der kurzen Antworten (s. Arbeitsblatt).
2. KT diskutieren mithilfe der Redemittel in Zweiergruppen.
3. Die interessantesten Informationen werden im Plenum vorgestellt.

A15–16
1. KL sagt, dass es auf den nächsten zwei Seiten um Obst und Gemüsesorten, Rezepte und Einkaufsgespräche gehen wird.
2. A15 wird im Plenum gelöst.
3. In A16 kauft jede Kleingruppe für einen anderen Anlass ein. Die Dialoge werden kurz eingeübt und im Plenum vorgestellt.

Arbeitsblatt 4: Im Lebensmittelgeschäft

Wortschatz: Lebensmittel, Preise, Maßangaben
Grammatik: Fragesätze, Aussagesätze

1. KT arbeiten in Zweiergruppen: KT 1 hat Arbeitsblatt A, KT 2 Arbeitsblatt B.
2. Aufgabe 1: KT 1 ist Kunde in einem Lebensmittelgeschäft, KT 2 ist Verkäufer. KT 1 möchte bestimmte Artikel kaufen (s. Einkaufsliste auf Arbeitsblatt A). Da es von jedem Artikel zwei Sorten im Angebot gibt, möchte er sich zuerst über den Preis und die Besonderheiten jedes Artikels informieren.
3. KT spielen in Zweiergruppen Dialoge, KT 1 ergänzt die fehlenden Informationen. Die Informationen werden im Plenum besprochen.
4. Aufgabe 2: KT üben kurze Einkaufsdialoge ein, einige davon (oder alle) werden im Plenum vorgestellt.

A17–18 Lieblingsfrüchte: s. Anweisungen im Buch
KT können eine Rangliste für ihr Heimatland oder ihre eigene Rangliste erstellen.

Arbeitsblatt 5: Was kostet das?

Wortschatz: Obstnamen, Zahlen, Vermutungen ausdrücken
Grammatik: Fragesätze, Aussagesätze

1. Das ist ein Kombinationsspiel: Wir möchten die Preise der Früchte wissen.
2. Aufgabe 1 wird im Plenum gelöst.
3. Aufgabe 2: KT diskutieren mithilfe der Vorgaben in Kleingruppen und rechnen den Preis der Früchte aus.
4. Die Lösungen werden im Plenum besprochen.

A19 KL stellt z. B. folgende Fragen im Plenum: *Essen Sie gern Obstsalat? Aus welchen Früchten machen Sie Obstsalat? Was braucht man noch dazu (außer Obst)?*
Danach wird das Rezept gelesen.

A20–22 KT formulieren die Regeln zur Bildung des Imperativs und lösen dann die Übungen.

Zum genauen Arbeitsvorgang: s. Anweisungen im Buch

Grammatikübersicht und Übung: C10

Arbeitsblatt 6: Salatrezepte

Wortschatz: Kochrezepte, Gemüsesorten
Grammatik: Imperativ

1. KT arbeiten in Zweiergruppen: KT bekommt Arbeitsblatt A, KT 2 Arbeitsblatt B. Auf jedem Arbeitsblatt steht ein anderes Salatrezept, das dem Gesprächspartner erklärt werden muss.
2. KT diskutieren miteinander und notieren sich das Rezept des Gesprächspartners.

Arbeitsblatt 7: Essen und Trinken in Deutschland (Textrekonstruktion)

Wortschatz: Essgewohnheiten, Meinungsäußerung, Wortschatz von A23
Grammatik: kein besonderer Schwerpunkt

1. Der Text auf dem Arbeitsblatt entspricht dem Text in A23 (Essgewohnheiten in Deutschland), er enthält jedoch einige Lücken. Die Aufgabe ist, die Informationen zu ergänzen. KT diskutieren mithilfe der vorgegebenen Redemittel und ergänzen den Text.
2. Die Lösungen werden mit dem Text von A23 verglichen. Eventuelle Fragen werden geklärt. KL kann KT vor dem Beginn der Dialogarbeit ggf. darauf hinweisen, dass es hier nicht darum geht, die Informationen fehlerfrei zu ergänzen, sondern vor allem darum, dass der Wortschatz des Kapitels bzw. einige Redemittel zur Meinungsäußerung eingeprägt werden.

A23–25 Text über Essgewohnheiten in Deutschland: s. Anweisungen im Buch

KT können A25 zu Hause vorbereiten und über die Essgewohnheiten im Heimatland in einem kleinen Vortrag berichten.

Übung: C8

A26 Phonetik (*ä*): s. Anweisungen im Buch

A27–28 A27 (Speisekarte): KL klärt die unbekannten Wörter auf der Speisekarte und gibt die Artikel der Gerichte an. KT formulieren Bestellungen im Plenum. (In lernstarken Gruppen evtl. eine Speisekarte aus dem Internet herunterladen und sie als Grundlage zum Dialogbau benutzen.)

Zum weiteren Arbeitsvorgang: s. Anweisungen im Buch

Grammatikübersicht und Übungen: C13–14

A29–30 KL stellt im Plenum z. B. folgende Fragen: *Gehen Sie oft ins Restaurant? Was für Restaurants/Speisen mögen Sie?*

Zum weiteren Arbeitsvorgang: s. Anweisungen im Buch.

Arbeitsblatt 8: Im Restaurant (Rollenspiel)

Wortschatz: Redemittel im Restaurant
Grammatik: Satzbau

1. Aufgabe 1: KT arbeiten in Zweiergruppen und bereiten einen Dialog vor. Die Dialoge werden im Plenum vorgestellt. Die Aufgabe kann auch so ausgeführt werden, dass KT nur die Ausdrücke zu ihrer eigenen Rolle sehen.
2. Aufgabe 2: Jede Zweiergruppe wählt eine andere Situation und übt einen zweiten, kürzeren Dialog ein. Die Bestellung kann diesmal sehr einfach sein: z. B. Kaffee und Obstkuchen, eine Tomatensuppe usw. (möglichst ohne Vorbereitungszeit). Die Dialoge werden im Plenum vorgestellt.

A31–32 Überleitung: KL stellt im Plenum z. B. folgende Frage: *Waren Sie auch schon in Italien/Japan?* (Viele Ländernamen können hier wiederholt werden.)

Zum weiteren Arbeitsvorgang: s. Anweisungen im Buch.

Grammatikübersicht und Übungen: C11–12

Arbeitsblatt 9: Satzbautraining

Lernziel: Wortschatz und Grammatik des Kapitels vertiefen

1. KT bilden Zweiergruppen: KT 1 bekommt Arbeitsblatt A, KT 2 Arbeitsblatt B. Aus dem ursprünglichen Satz werden mithilfe der Vorgaben neue Sätze gebildet.
2. In Teil A bildet KT 2 Sätze, KT 1 kontrolliert und korrigiert ihn.
3. In Teil B werden die Rollen getauscht.

Arbeitsblatt 10: Grammatik- und Wortschatztraining

Grammatik- und Wortschatzübungen zur Konjugation der regelmäßigen und unregelmäßigen Verben und des Präteritums von *sein* und *haben* (am besten am Kapitelende einsetzen)

Arbeitsblatt 11: Wiederholungstest

Der Test gibt KT Gelegenheit, sich zu überprüfen und eventuelle Fragen zu klären.

Arbeitsblatt 12: Prüfungsvorbereitung „Start Deutsch"

Zusammenfassende Übung und Vorbereitung auf die Prüfung *„Start Deutsch": Sprechen, Teil 2.* Die Kandidaten müssen eine beliebige Frage zu dem auf ihrer Karte vorgegebenen Wort stellen. Zur Beschreibung dieses Prüfungselements s. S. 227 im Lehrbuch.

B1 *fakultativ*
KT beantworten die Quizfragen in Kleingruppen, dann werden die Lösungen im Plenum kontrolliert. (s. auch Kapitel 1, B2)

Mögliche Hausaufgabe:
KT suchen im Internet nach zusätzlichen Informationen (z. B.: *Wann genau gründete man das erste Kaffeehaus? Was war der erste Hamburger? Woher kommt dieser Name?* o. ä.) Dies ist allerdings nur in Gruppen sinnvoll, deren Muttersprache mit dem Deutschen verwandt ist, sonst ist der Aufwand größer als der eigentliche Lerneffekt.

B2–4 *fakultativ*
s. Anweisungen im Buch

D s. Hinweise S. 5

Kapitel 5

Im Phonetikteil dieses Kapitels werden der Wortakzent sowie die Aussprache des *st* geübt. Bei der Korrektur sollte KL auf diese Aspekte besonders achten.

Einführung des Themas, Aktivierung der Vorkenntnisse

1. KT arbeiten in Kleingruppen. Jede Gruppe bekommt ein Bild von der Einstiegsseite und beantwortet z. B. folgende Fragen: *Wer ist/sind die Person/en auf dem Foto (Name, Alter, Herkunftsland, Beruf, Hobby)? Was tun sie gerade/in der Arbeitszeit? Was tun sie nach der Arbeitszeit? Was essen sie zu Mittag?*
2. Die Kleingruppen bereiten die Personenbeschreibung vor und stellen dann die Person/en auf dem Foto im Plenum vor.

A1–2 Die Sätze über Martins Tag werden gelesen und angehört.
Nach der Ergänzung von A2 geben KT eine Definition der trennbaren Verben, KL sollte diese Phase nur durch Fragestellungen (*Wo steht das Präfix im Satz? Wo steht das konjugierte Verb?* usw.) steuern. Anschließend wird die Tabelle in A2 erläutert.

Mögliches Aussprache- und Wortschatztraining:
KL spielt die Sätze einzeln vor, KT wiederholen sie bei geöffnetem oder geschlossenem Buch.

Grammatikübersicht und Übungen: C1–2

Arbeitsblatt 1: Martins Tag

Wortschatz und Grammatik: flexibel, je nach Aufgabenstellung

Dieses Arbeitsblatt ist im Laufe des Kapitels jederzeit einsetzbar. (Aus den Bildern auf dem Arbeitsblatt kann man auch Kärtchen machen.)

KL kann zu jedem Bild eine andere Aufgabe stellen, z. B.:
Bild 1: die Verben *schlafen, im Bett sein, aufstehen* im Präsens konjugieren
Bild 2: bekannte Gegenstände nennen
Bild 3: einen sehr langen Satz zum Bild bilden
Bild 4: ein fiktives Gespräch zwischen Martin und seinem Kollegen spielen
Bild 5: Fragen formulieren
Bild 6: Wörter sammeln zum Thema „Essen und Trinken"
Bild 7: Martin berichtet über etwas Vergangenes
Bild 8: einen Dialog im Supermarkt spielen
Bild 9: Blitzlicht: Was machen Sie in Ihrer Freizeit?/Sehen Sie oft fern? usw.

A3–5 s. Anweisungen im Buch
Mögliche Überleitung zu Uhrzeit:
KL fragt „spontan": *Wie spät ist es? Wie viele Minuten haben wir noch? Wann müssen wir aufhören?* o. ä.

Arbeitsblatt 2: Wie spät ist es?

Wortschatz: Uhrzeiten
Grammatik: kein besonderer Schwerpunkt

1. KT ergänzen das Arbeitsblatt selbstständig.
2. Die Lösungen werden im Plenum (am einfachsten mit einem OHP, Beamer oder Smartboard) kontrolliert.

A6–8 Übungen zu Uhrzeit und Dauer: s. Anweisungen im Buch

A9–10 Mögliche Einführung:
KT blättern zu A1 zurück, KL sagt z. B. Folgendes: *Martin muss auf Arbeit diese Sachen tun. Was müssen Sie auf Arbeit tun?* KT beantworten die Frage mit einem oder mehreren Sätzen. Anschließend wird A9 ergänzt.

A10: KL erklärt zuerst den Unterschied zwischen *sollen* und *müssen*. Er kann KT auf die Ähnlichkeiten in der Konjugation aller Modalverben aufmerksam machen (Unregelmäßigkeiten nur in 1./3. Person Sg.). Anschließend wird A10 ergänzt.

Grammatikübersicht und Übungen: C3–4

A11–13 s. Anweisungen im Buch (Modalverben *sollen* und *müssen*)

A13: Diese Übung kann im Unterricht als Kettenspiel mündlich durchgeführt werden (KT 1 stellt Frage 1, KT 2 beantwortet sie und stellt die zweite Frage an KT 3.) Als Hausaufgabe bilden KT schriftlich Sätze. Die Reihenfolge A12, A13, A11 ist hier auch möglich, da es in A14 um Herrn Feuerstein geht.

Arbeitsblatt 3: Welche Antwort passt?

Wortschatz: kein besonderer Schwerpunkt
Grammatik: Perfekt, Präteritum von *sein* und *haben*

Diese Übung kann entweder vor oder nach der Klärung der Bildung von Vergangenheitsformen eingesetzt werden.

1. KT bilden Zweiergruppen: KT 1 hat Arbeitsblatt A, KT 2 hat Arbeitsblatt B. Auf den Arbeitsblättern stehen Fragen und jeweils zwei mögliche Antworten auf die Fragen des Gesprächspartners.
2. KT spielen anhand der Fragen und Antworten kurze Dialoge und schreiben diese auch auf.
3. Zum Schluss werden die zehn kurzen Dialoge noch einmal im Plenum gespielt.

A14–16 Feuersteins Tag: s. Anweisungen im Buch

Nach A15 und Arbeitsblatt 3 kann KL die KT durch gesteuerte Fragen (*Welche Hilfsverben sehen Sie? Welche zwei Endungen sind typisch für das Partizip? Was passiert noch? Wo ist das ge- im Wort? Ist das logisch?* o. ä.) dazu anregen, die Grundregeln zur Bildung des Perfekts selbst zu formulieren.

Grammatikübersicht und Übungen: C5–12

Arbeitsblatt 4: Feuersteins Tag

Wortschatz: Wortschatz von A14, Arbeitstätigkeiten
Grammatik: Perfekt, Satzbau

1. Aufgabe 1: KT arbeiten in Zweiergruppen und spielen den Dialog im Buch anhand der Vorgaben nach. Ein oder mehrere Dialoge werden im Plenum vorgestellt.
2. Aufgabe 2: Gruppe 1 bekommt Aufgabe 2, Gruppe 2 Aufgabe 3 und Gruppe 3 Aufgabe 4. Die drei Dialoge werden in Zweiergruppen eingeübt.
3. Die Dialoge werden im Plenum vorgestellt.

A17–19 Übungen zu Perfekt: s. Anweisungen im Buch

Arbeitsblatt 5: Wer hat gestern …?

Wortschatz: einfache Tätigkeiten
Grammatik: Perfekt, Präteritum von *sein*

1. KL teilt die Kärtchen aus: Jeder bekommt eins. Auf jeder Karte steht eine Frage, auf die die Teilnehmer die Antwort von allen KT erfahren möchten. (Alle Fragen muss man zuerst umformen, z. B.: *Wer hat heute nicht gefrühstückt?* → *Haben Sie/Hast du/Habt ihr heute Morgen gefrühstückt?*)
2. KT gehen im Klassenzimmer herum, fragen einander und notieren die gesammelten Informationen (d. h. nur die Antworten auf die eigene Frage!).
3. Das Spiel geht so lange, bis jeder von jedem eine Antwort auf seine Frage erhalten hat. Die Informationen werden im Plenum kurz vorgestellt.

A20–21 Übungen zu Computerbefehlen: s. Anweisungen im Buch

Arbeitsblatt 6: Können Sie das?

Wortschatz: Computer und Internet
Grammatik: Frage- und Aussagesätze

1. KT diskutieren in Zweiergruppen. Mithilfe der vorgegebenen Redemittel stellen und beantworten sie Fragen über ihre Informatikkenntnisse. Die Antworten des Gesprächspartners werden auf das Arbeitsblatt geschrieben.
2. Die interessantesten Informationen werden im Plenum vorgestellt. Die Gruppe kann auch eine kleine Statistik mit den Ergebnissen der Umfrage erstellen.

A22 Phonetik (Wortakzent): s. Anweisungen im Buch

A23 s. Anweisungen im Buch
Beim Vorlesen der Sätze sollten KT auf den Wortakzent besonders achten.

A24–25 Als Überleitung zum Thema „Termine vereinbaren" kann KL z. B. folgende Fragen stellen: *Hatten Sie schon einmal Probleme mit Ihrem Computer? Haben Sie das Problem selbst gelöst? Wenn nicht, wer hat Ihnen geholfen? Ist der Monteur sofort gekommen?* usw.

Zum weiteren Arbeitsvorgang: s. Anweisungen im Buch

Mögliches Wortschatztraining (nach A25):
KL bittet KT, die wichtigsten Inhaltspunkte des Dialogs zu notieren. Danach wird das Buch geschlossen. KT sagen der Reihe nach einen Satz und spielen auf diese Weise den Dialog möglichst genau nach. KL achtet darauf, dass alle wichtigen Informationen gesagt werden.

A26–27 Übungen zu Tagen und Monaten: s. Anweisungen im Buch

Übung: C13

Arbeitsblatt 7: Wann lernen wir Deutsch?

Wortschatz: Termin vereinbaren, Datum, Uhrzeit
Grammatik: Satzbau, Konjugation mit und ohne Modalverb

1. KT arbeiten in Zweiergruppen: Arbeitsblatt A ist der Terminkalender von KT 1, Arbeitsblatt B gehört KT 2. KT 1 und KT 2 möchten zusammen Deutsch lernen und wollen einen Termin vereinbaren.
2. Aufgabe 1 wird im Plenum gelöst.
3. Aufgabe 2: KT diskutieren mithilfe der Redemittel und finden einen Tag und eine Uhrzeit, die ihnen beiden passt.
4. Ein oder mehrere Dialoge werden im Plenum vorgestellt, danach sagen alle KT, wann sie sich treffen.

Lernstarke Gruppen (oder die besten Lerner in der Gruppe) können zur Lösung von Aufgabe 2 ihren eigenen Terminkalender benutzen.

A28 Phonetik (*st-*): s. Anweisungen im Buch

A29–31 Rollenspiel: Einen Termin vereinbaren: s. Anweisungen

A31a: In der Start-Deutsch-Prüfung müssen die Kandidaten im Prüfungsteil *Lesen, Teil 2* anhand der Vorgaben die passende Website finden. Zur Beschreibung dieses Prüfungselements s. S. 224 im Lehrbuch.

A32b:
1. KT arbeiten in Zweiergruppen, jede Gruppe bereitet ein Gespräch vor. (Einige Informationen müssen die Kleingruppen frei erfinden.)
2. Die vier Gespräche werden im Plenum durchgeführt und ggf. korrigiert.

Arbeitsblatt 8: Situationen

Wortschatz: Termin vereinbaren, Datum, Uhrzeit
Grammatik: Satzbau, Konjugation

1. KT arbeiten in Zweiergruppen, KT mit Karte 1a arbeitet mit KT mit Karte 1b usw.
KT 1 hat ein Problem oder möchte etwas kaufen und erkundigt sich telefonisch in einem Geschäft (d. h. bei KT 2). Auf den Karten stehen die Rollenbeschreibung und die nötigen Hinweise. (Jeder kennt also nur seinen Teil – wie im Leben.)
2. KT üben kurze Dialoge ein, die anschließend im Plenum vorgestellt werden.

A32–34 Eine E-Mail an einen Kunden/Kollegen schreiben: s. Anweisungen im Buch

A32: In der Start-Deutsch-Prüfung (*Schreiben, Teil 2*) müssen die Kandidaten eine ähnliche E-Mail schreiben. Zur Beschreibung dieses Prüfungselements s. S. 226 im Lehrbuch.

A35 Diese Übung dient der schriftlichen Wiederholung von Wortschatz und Grammatik des Kapitels (über den Arbeitstag berichten).
KL kann KT bitten, über ihren Tag in der nächsten Unterrichtsstunde auch mündlich zu berichten.

Arbeitsblatt 9: Satzbautraining

Lernziel: Wortschatz und Grammatik des Kapitels vertiefen

1. KT bilden Zweiergruppen: KT 1 bekommt Arbeitsblatt A, KT 2 Arbeitsblatt B. Aus dem ursprünglichen Satz werden mithilfe der Vorgaben neue Sätze gebildet.
2. In Teil A bildet KT 2 Sätze, KT 1 kontrolliert und korrigiert ihn.
3. In Teil B werden die Rollen getauscht.

Arbeitsblatt 10: Grammatik- und Wortschatztraining

Grammatik- und Wortschatzübungen zur Konjugation im Perfekt (nach A10 jederzeit einsetzbar)

Arbeitsblatt 11: Wiederholungstest

Der Test gibt KT Gelegenheit, sich zu überprüfen und eventuelle Fragen zu klären.

Arbeitsblatt 12: Prüfungsvorbereitung „Start Deutsch"

Zusammenfassende Übung und Vorbereitung auf die Prüfung *„Start Deutsch": Lesen, Teile 1 und 2.*
In Teil 1 lesen die Kandidaten eine oder zwei kurze E-Mails und müssen dann entscheiden, ob die dazu gehörenden Aussagen richtig oder falsch sind. In Teil 2 müssen sie anhand der Vorgaben die passende Website finden. Zur Beschreibung dieser Prüfungselemente s. S. 224 im Lehrbuch.

B1–5 *fakultativ*
Nach der Arbeitszeit: Fernsehen: s. Anweisungen im Buch

D s. Hinweise S. 5

Kapitel 6

Im Phonetikteil dieses Kapitels wird die Aussprache des *ch* geübt. Bei der Korrektur sollte KL auf diesen Aspekt besonders achten.

Einführung des Themas, Aktivierung der Vorkenntnisse

Zur Einführung des neuen Themas kann KL z. B. folgende Fragen stellen: *Wie war Ihr Tag? Hatten Sie einen schönen Tag?* Dann sagt er einige Sätze über seinen Tag und das Wetter von heute. Auf diese Weise wird das neue Thema an das Vorwissen geknüpft.

A1 Übungen zu Jahreszeiten: s. Anweisungen im Buch

Grammatikübersicht und Übungen: C1–2

A2 Nomen aus Adjektiven bilden: s. Anweisungen im Buch

KL und KT können einige Regeln zur Artikelbestimmung formulieren (*e*-Endung: feminin, Niederschläge: maskuline Nomen, s. auch Arbeitsblatt 2).

A3–4 Übungen zu Wettervorhersage, Wiederholung der Monate: s. Anweisungen im Buch

Arbeitsblatt 1: Wie ist das Wetter in …?

Wortschatz: Wetter, Wettervorhersage
Grammatik: kein besonderer Schwerpunkt

1. KT arbeiten in Zweiergruppen: KT 1 bekommt Arbeitsblatt A und KT 2 Arbeitsblatt B. Auf beiden Arbeitsblättern stehen Informationen über das Wetter in verschiedenen Städten.
2. KT stellen sich gegenseitig Fragen und ergänzen die fehlenden Informationen.
3. Die Antworten werden im Plenum kurz besprochen.
4. KL kann KT bitten, die Länder zu nennen, in denen sich die Städte befinden.

Mögliche Hausaufgabe:
KT informieren sich z. B. auf der Homepage des Deutschen Wetterdienstes über das Wetter in Deutschland/im Heimatland.

Mögliche Übung nach A11:
KT nennen Gegenstände und Kleidungsstücke, die sie anhand der Informationen auf dem Arbeitsblatt auf eine Reise in eine der Städte mitnehmen würden.

A5 Übung zum Modalverb *wollen*

Grammatikübersicht und Übung: C3

Arbeitsblatt 2: Artikel und Nomen

Wortschatz: Wetter, Zeitangaben
Grammatik: Regeln zur Artikelbestimmung

Dieses Arbeitsblatt ordnet die Wörter rund um Wetter, Zeit nach Artikeln. KT füllen das Arbeitsblatt aus, die Lösungen werden im Plenum kontrolliert.

A6

1. Vor dem Beginn der Kleingruppenarbeit sollte KL erklären, dass es in dieser Übung in erster Linie um die Einübung der Vermutung geht, es ist also kein Problem, wenn KT die Fragen nicht richtig beantworten.
2. KT diskutieren in Kleingruppen, die Lösungen werden im Plenum kontrolliert.
3. KL bittet KT, ähnliche Vermutungen über das Heimatland zu formulieren.

A7–8 KL und KT formulieren die Grundregeln für die Bedeutung der lokalen Präpositionen.

Zum weiteren Arbeitsvorgang: s. Anweisungen im Buch

Grammatikübersicht und Übungen: C17

A9 KT können einzeln oder in Kleingruppen den Traumurlaub auswählen.

Variante:
Jede Kleingruppe macht für einen Urlaubstyp Werbung, indem sie diesen möglichst ausführlich beschreibt und die Vorteile betont.

A10 Diese Aufgabe kann mit Arbeitsblatt 3 kombiniert werden, da auf dem Arbeitsblatt mehr Wörter illustriert sind als im Buch und da die Aufgabenstellung ähnlich ist.

Zum genauen Arbeitsvorgang: s. Anweisungen im Buch oder auf Arbeitsblatt 3

Mögliche weiterführende Übung: Ich packe meinen Koffer (Kettenspiel)
KL beginnt das Spiel, indem er sagt: *Ich packe meinen Koffer, ich nehme meinen Pass mit.* KT 2 wiederholt den Satz und fügt den Namen eines weiteren Gegenstandes oder Kleidungsstückes hinzu: *Ich packe meinen Koffer, ich nehme meinen Pass und einen Pullover mit* usw. Das Spiel geht (mindestens) so lange, bis jeder einen Gegenstand in den Koffer gepackt hat.

Arbeitsblatt 3: Was nehmen Sie in den Urlaub mit?

Wortschatz: Kleidungsstücke und Gegenstände
Grammatik: Akkusativ, Konjunktor *denn*, trennbares Verb *mitnehmen*

1. Aufgabe 1 wird im Plenum gelöst.
2. Aufgabe 2: KT diskutieren in Kleingruppen. KL sollte KT dazu anregen, in ganzen Sätzen Fragen zu stellen und diese ebenfalls in ganzen Sätzen zu beantworten. (Die Akkusativendungen können vor dem Beginn der Dialogarbeit wiederholt werden, wenn erforderlich.)
3. Die interessantesten Informationen werden im Plenum vorgestellt.

A11 Nach der Lösung der Aufgabe formulieren KL und KT die Regeln zur Bildung des Imperativs, ohne auf die nach der Übung stehende Tabelle zu schauen: Bei informellen Aufforderungen werden das Personalpronomen und die Endung weggelassen. Siehe auch Hinweise zu Arbeitsblatt 1.

Grammatikübersicht und Übungen: C4–5

Arbeitsblatt 4: Ratschläge geben

Wortschatz: kein besonderer Schwerpunkt
Grammatik: Imperativ, Modalverb *sollen*

1. KL teilt die Kärtchen aus: Jeder bekommt eins oder mehrere davon. Auf jeder Karte stehen ein Problem und die Lösung für ein anderes Problem.
2. KT 1 beginnt das Spiel, indem er sein Problem nennt, z. B.: *Ich möchte gesund leben. Was soll ich tun?*
3. KT mit der Lösung auf seiner Karte meldet sich und gibt einen Ratschlag, z. B.: *Iss/Essen Sie viel frisches Gemüse! Du sollst/Sie sollen frisches Gemüse essen.*
4. Danach sagt er sein Problem und bittet um Hilfe. Das Spiel geht so lange, bis jeder eine Lösung für sein Problem bekommen hat.

Die Karten sind so gemacht, dass man nach Situation 8 mit dem Spiel aufhören kann.

Mögliche weiterführende Übung (Diskussion im Plenum):
KL stellt einige Fragen über das Sprachenlernen, z. B.: *Ich möchte besser Englisch sprechen. Mein Freund möchte schnell Deutsch lernen.* usw. *Was soll ich/er tun?* KT geben Ratschläge und Lerntipps.

A12 Hörtext: Koffer packen: s. Anweisungen im Buch
(Auf Arbeitsblatt 5 und 6 geht die Geschichte von Frau und Herrn Berg weiter …)

Arbeitsblatt 5: Ich habe nichts zum Anziehen! (Lückentext)

Wortschatz: Kleidungsstücke
Grammatik: Pluralendungen, Artikel

1. Der zu ergänzende Text ist der Dialog, den KT in A12 schon einmal gehört haben. Im Text fehlen meistens nur die Bezeichnungen für Kleidungsstücke.
2. KL spielt den Dialog ein weiteres Mal vor (er sollte nach jeder Lücke die CD stoppen), KT ergänzen die fehlenden Wörter.
3. Anschließend werden Artikel, Plural und Kasus von allen ergänzten Nomen angegeben und die Regeln für Artikel und Plural wiederholt.

Arbeitsblatt 6: Urlaub in Italien

Wortschatz: Sehenswürdigkeiten, Kleidungsstücke
Grammatik: Perfekt und Präsens, Konjunktoren *aber* und *denn*

1. Aufgabe 1 wird im Plenum gelöst.
2. Aufgabe 2 (KT arbeiten in Zweiergruppen): KT 1 bekommt Arbeitsblatt A und KT 2 Arbeitsblatt B. KT sprechen darüber, was sie von Frau Berg (aus A12) vor bzw. nach dem Urlaub gehört haben, vergleichen die beiden Geschichten und schreiben die Unterschiede auf.
3. Die Notizen werden im Plenum besprochen.

A13–16 Diese Aufgabensequenz führt den Dativ der Personalpronomen ein und listet alle Verben mit Dativergänzung für Niveau A1 auf (A15).

Zum genauen Arbeitsvorgang: s. Anweisungen im Buch

Grammatikübersicht und Übungen: C6–8, C13, C16

A17 Bevor KL den Dialog vorspielt, kann er folgende Fragen an die Tafel schreiben:
Was kauft Frau Berg? Welche Größe hat sie? Was kostet das Kleidungsstück? Wie zahlt sie?
KT hören den Dialog einmal bei geschlossenem Buch an und notieren sich die Antworten. Danach wird der Text bei offenem Buch ein zweites Mal vorgespielt. KL klärt die unbekannten Wörter und spricht die Namen der Farben vor.

Mögliche weiterführende Übung:
Die Farben der eigenen Kleidungsstücke, Gegenstände im Klassenraum können genannt werden. (Evtl. als Wettbewerb: *Wer kann mehr Gegenstände, Kleidungsstücke nennen?* Nur Wörter mit dem richtigen Artikel werden angenommen!)

A18 (Rollenspiel) KT arbeiten in Zweiergruppen, jede Gruppe bereitet zwei kurze Dialoge zu zwei Kleidungsstücken vor.

Mögliche weiterführende Übung:
KT sehen ihren Gesprächspartner genau an und beschreiben dann mit geschlossenen Augen seine Kleidung. (Nur die Farben und die Kleidungsstücke sollten genannt werden, die Bezeichnungen für die Muster sollte man möglichst nicht einführen.)

A19 Durch gesteuerte Fragen sollten KT die Regel, dass die Demonstrativpronomen die Endungen der bestimmten Artikel bekommen, selbst formulieren. (s. Anweisungen im Buch)

Mögliche weiterführende Übung:
KT wählen einen Gegenstand im Klassenzimmer aus und sagen darüber einen Satz (z. B.: *Dieser Kugelschreiber ist blau/gehört mir. Ich mag diesen Kugelschreiber.* usw.) Auf diese Weise werden die Bezeichnungen für verschiedene Gebrauchsgegenstände wiederholt.

A20 Phonetik (*ch*): s. Anweisungen im Buch

A21–23 Eine Fahrkarte kaufen: s. Anweisungen im Buch

Mögliche Hausaufgabe:
1. KT suchen auf der Homepage der Deutschen Bahn nach Zugverbindungen zwischen zwei deutschen Städten. (Zur Wahl der Städte können KT die Karte im Lehrbuch benutzen.)
2. KT berichten über die Suchergebnisse mündlich oder schriftlich.

Übung: C15

Arbeitsblatt 7: Wann fliegt mein Flugzeug?

Wortschatz: Uhrzeit
Grammatik: trennbare Verben *ankommen, abfliegen*
Wortfolge mit Zeit- und Ortsangaben, lokale und temporale Präpositionen

1. KL teilt die Kärtchen aus, jeder KT kann mehrere Karten bekommen. Auf jeder Karte stehen folgende Informationen: Abflug-/Ankunftszeit und -ort eines Flugzeugs sowie Abflug-/Ankunftszeit und -ort eines anderen Flugzeugs.
2. KT 1 beginnt das Spiel, indem er z. B. sagt, wenn Berlin–Stuttgart auf der Karte steht: *Ich möchte von Berlin nach Stuttgart reisen. Wann fliegt mein Flugzeug ab und wann kommt es in Stuttgart an?*
3. KT mit der Antwort auf seiner Karte meldet sich und beantwortet die Frage, z. B.: *Das Flugzeug fliegt um 7.45 Uhr von Berlin ab und es kommt um 9.00 Uhr in Stuttgart an.*
4. Danach sagt KT 2, wohin er reisen möchte, und bittet um Auskunft. Das Spiel geht so lange, bis jeder seine Abflug- und Ankunftszeiten weiß.
5. Anschließend kann KL die KT bitten, die Abflug- und Ankunftsländer zu nennen. Die Karten sind so gemacht, dass man nach Karte 8 mit dem Spiel aufhören kann.

Mögliche Hausaufgabe: KT informieren sich auf der Homepage von Fluggesellschaften, Reisebüros o. ä. über verschiedene Flüge (ins Heimatland, in eine deutsche/österreichische Stadt, ins Lieblingsland usw.) und berichten über die Suchergebnisse mündlich oder schriftlich.

A24–25
1. A24: KL kann um eine kurze Begründung der Entscheidung für das gewählte Verkehrsmittel mit der Konjunktion *denn* bitten. (*Wie fahren Sie in den Urlaub?*)
2. Um die Diskussion zu erweitern, kann er auch folgende Fragen stellen: *Womit sind Sie in Ihren letzten Urlaub gefahren? Reisen Sie gern mit diesem Verkehrsmittel?*
3. KL erklärt den Gebrauch des Dativs nach der Präposition *mit*.
4. A25 wird im Plenum gelöst.

Grammatikübersicht und Übungen: C12, C14

A26–27 Wortschatzübungen rund um den Verkehr: s. Anweisungen im Buch

A28 In der Start-Deutsch-Prüfung bekommen die Kandidaten in *Hören, Teil 1* Mehrfachwahlaufgaben zu kurzen Gesprächen, in *Teil 2* zu kurzen Mitteilungen und Durchsagen. Zur Beschreibung s. S. 222 im Lehrbuch.

A29–30 Diese Aufgaben dienen der schriftlichen Wiederholung von Wortschatz und Grammatik des Kapitels.

A30: In der Start-Deutsch-Prüfung (*Schreiben, Teil 2)* müssen die Kandidaten anhand von vorgegebenen Stichpunkten eine kurze E-Mail schreiben. Zur Beschreibung s. S. 226 im Lehrbuch.

Grammatikübersicht und Übungen: C9–11

Arbeitsblatt 8: Der Urlaub von Georg

Wortschatz: Tätigkeiten im Urlaub, Reisen
Grammatik: Perfekt, lokale Präpositionen

1. Variante 1: KL teilt die Arbeitsblätter aus und sagt: *Georg war in Marseille im Urlaub. Die Zeichnungen zeigen, was er dort alles erlebt hat.* Die Geschichte wird im Plenum nacherzählt: KT 1 berichtet über Bild 1, KT 2 über Bild 2 usw.
2. Variante 2: Nur ein KT hat das Arbeitsblatt mit der Geschichte. Die anderen stellen ihm Fragen und versuchen herauszufinden, was Georg im Urlaub gemacht hat.
3. In lernstarken Gruppen können KT die Geschichte fortsetzen.
4. Variante 3: KL macht aus den Bildern auf dem Arbeitsblatt Karten und teilt diese in der Gruppe aus. Jeder KT bekommt eine Karte und erzählt seinen Teil der Geschichte. Am Ende bekommt jeder das Arbeitsblatt mit der vollständigen Geschichte. (Das ist spannender, aber ein wenig zeitaufwändiger als Variante 1, da KT nur einen kleinen Teil der Geschichte kennen.)

A31–32 Diese Aufgaben dienen der mündlichen Wiederholung von Wortschatz und Grammatik dieses Kapitels.

Arbeitsblatt 9: Satzbautraining

Lernziel: Wortschatz und Grammatik des Kapitels vertiefen

1. KT bilden Zweiergruppen: KT 1 bekommt Arbeitsblatt A, KT 2 Arbeitsblatt B. Aus dem ursprünglichen Satz werden mithilfe der Vorgaben neue Sätze gebildet.
2. In Teil A bildet KT 2 Sätze, KT 1 kontrolliert und korrigiert ihn.
3. In Teil B werden die Rollen getauscht.

Arbeitsblatt 10: Grammatik- und Wortschatztraining

Grammatik- und Wortschatzübungen zum Imperativ (nach A11 jederzeit einsetzbar)

Arbeitsblatt 11: Wiederholungstest

Der Test gibt KT Gelegenheit, sich zu überprüfen und eventuelle Fragen zu klären.

Arbeitsblatt 12: Prüfungsvorbereitung „Start Deutsch"

Zusammenfassende Übung und Vorbereitung auf die Prüfung *„Start Deutsch": Schreiben, Teil 1.* In diesem Teil müssen die Kandidaten ein Formular im Namen einer anderen Person ausfüllen. Zur Beschreibung dieses Prüfungselements s. S. 226 im Lehrbuch.

B1–4 *fakultativ*
Was im Urlaub wichtig ist: s. Anweisungen im Buch

B5–6 *fakultativ*
Reiseziele: s. Anweisungen im Buch

D s. Hinweise S. 5

Kapitel 7

Im Phonetikteil dieses Kapitels wird die Aussprache des *h* geübt. Bei der Korrektur sollte KL auf diesen Aspekt besonders achten.

Einführung des Themas, Aktivierung der Vorkenntnisse

Zur Einführung des neuen Themas kann KL z. B. folgende Fragen stellen:
In welcher Stadt/welchem Land haben Sie gern gewohnt? Wo hatten Sie ein schönes Haus/eine besonders schöne Wohnung? Wie lange haben Sie dort gewohnt? Wie war das Klima dort?

Als Wortschatzhilfe zu dieser Aufgabe kann KL folgende, teilweise internationale Wörter an die Tafel schreiben und vorsprechen: *der Garten – die Garage – der Balkon – die Küche – das Wohnzimmer – das Esszimmer – der Nachbar.* Nach einigen Minuten Vorbereitungszeit beantworten KT die Fragen z. B. folgendermaßen: *Ich hatte ein schönes Haus in … (Bombay), denn ich hatte dort eine große Küche/ein helles Wohnzimmer/nette Nachbarn* usw.

A1 und Arbeitsblatt 1: Zusammengesetzte Wörter

Wortschatz: Gegenstände im Haus
Grammatik: Nomenbildung aus Verben

KL und KT formulieren gemeinsam die Regeln für die Bildung von Nomen aus Verben:
schlafen – Schlafzimmer, essen – Esszimmer, wohnen – Wohnzimmer, schreiben – Schreibtisch usw.

Arbeitsblatt 1 dient der Vertiefung dieser einfachen Regel, die die Bildung neuer Wörter ermöglicht. (Erläutern Sie hier die Funktion des Dativs in den Sätzen nur auf ausdrücklicher Nachfrage. Sie wird in diesem Kapitel später noch behandelt.)

Übung: C6

A2–5 Übungen zu Wohnungen und ihre Lage beschreiben, eine Anzeige schreiben

Zum Arbeitsvorgang: s. Anweisungen im Buch

A6–7 Angaben zur Person, Fragen zur Wohnung: s. Anweisungen im Buch
A6: In der Start-Deutsch-Prüfung (*Schreiben, Teil 1*) müssen die Kandidaten ein Formular im Namen einer anderen Person ausfüllen. Zur Beschreibung dieses Prüfungselements s. S. 226 im Lehrbuch.

A8 Teile eines Hauses: s. Anweisungen im Buch
Der Wortschatz wird auch auf Arbeitsblatt 6 behandelt (ergänzt mit den Wechselpräpositionen).

A 9 Hörtext: Wohnungsangebote: s. Anweisungen im Buch

Arbeitsblatt 2: Eine neue Wohnung (Lückentext)

Wortschatz und Grammatik von A9

1. In dem Lückentext fehlen die Bezeichnungen für die Hausteile. Der Text kann aus dem Gedächtnis oder beim Anhören der CD ergänzt werden.
2. KT überprüfen ihre Lösungen mit der CD/Transkription.

A10 Konjugation: s. Anweisungen im Buch

A11–13 Zwei weitere Wohnungsangebote: s. Anweisungen im Buch

Grammatikübersicht und Übungen: C7–8, C15

Arbeitsblatt 3: Situationen (Rollenspiel)

Wortschatz: sich über Häuser informieren, einen Termin vereinbaren
Grammatik: Frage- und Aussagesätze, lokale und temporale Präpositionen

1. KL teilt die Kärtchen aus: KT mit 1a und KT mit 1b auf der Karte bilden eine Zweiergruppe. KT mit 1a ist der Kunde, KT mit 1b ist der Makler.
2. KT 1 möchte ein Haus/eine Wohnung mieten, KT 2 hat ein Angebot für ihn. KT 1 erklärt seine Wünsche, informiert sich über die Besonderheiten der angebotenen Wohnung/des Hauses und entscheidet am Ende des Gesprächs, ob ihn das Angebot des Maklers interessiert. Wenn ja, so vereinbaren sie einen Termin.
3. KT üben die Telefongespräche ein und stellen sie dann im Plenum vor.

A14 Der Komparativ wird an drei Beispielen aus A11 veranschaulicht.

Mögliche weiterführende Übung (in Kleingruppen oder im Plenum):
KT bilden weitere Sätze, z. B.: *Ziehen Sie Vergleiche zwischen Ihrer Wohnung in der Kindheit und jetzt, zwischen einer idealen Wohnung und Ihrer jetzigen Wohnung.* usw.

Grammatikübersicht und Übungen: C14

A15 Phonetik (*h*): s. Anweisungen im Buch

A16–17 Vor der Lösung dieser Aufgaben (Zimmer beschreiben, Wechselpräpositionen mit Dativ) sollten die Dativendungen wiederholt werden.

Zum weiteren Arbeitsvorgang: s. Anweisungen im Buch

Mögliche weiterführende Übungen:
Übung 1: KL wählt ein bekanntes Gemälde aus (z. B.: *Van Gogh: Sein Zimmer in Arles, J. Vermeer: Brieflesendes Mädchen am offenen Fenster*) und beschreibt es genau (mit vielen Präpositionen), ohne den Titel des Bildes zu verraten. KT hören zu, zeichnen das Bild nach und raten, um welches Bild es sich handelt.

Übung 2: KT 1 schließt sein Buch, KT 2 hat sein Buch bei A15 offen. KT 2 beschreibt das Foto, KT 1 zeichnet es nach. Dann beschreibt er seine Zeichnung, KT 2 überprüft, ob sie mit dem Originalbild übereinstimmt.

Grammatikübersicht und Übungen: C1–3

A18–19 Diese Aufgabensequenz dient der Vertiefung des Dativs (ein Zimmer beschreiben).

Zum genauen Arbeitsvorgang: s. Anweisungen im Buch

Übungen: C16–18

A20–21 In dieser Aufgabensequenz werden die Wechselpräpositionen eingeführt. KL kann durch gesteuerte Fragestellung KT dazu anregen, dass diese die Gebrauchsregeln selbst formulieren.

Mögliche weiterführende Übung oder Wettbewerb:

1. Jeder KT legt einen oder zwei Gegenstände auf einen leeren Tisch im Klassenraum und sagt dabei folgende Sätze: *Ich lege/stelle mein … auf den Tisch. Er/Sie/Es ist/liegt/steht jetzt … (neben der Brille von Paul, zwischen dem Kugelschreiber von Agata und dem Handy von Jeremy)* usw.
2. Arbeit in Zweiergruppen: KT haben 30 Sekunden Zeit, um sich die Positionen der Gegenstände zu merken, dann wird der Tisch mit einem Tuch abgedeckt.
3. KT schreiben aus dem Gedächtnis die Position von möglichst vielen Gegenständen auf (5–10 Min.).
4. Die Sätze werden im Plenum vorgelesen. Es gewinnt die Gruppe mit den meisten grammatikalisch richtigen Sätzen.

Grammatikübersicht und Übungen: C4–5

Arbeitsblatt 4: Wo ist meine Hose?

Wortschatz: Möbel, Gebrauchsgegenstände, Kleidungsstücke
Grammatik: Wechselpräpositionen

1. KT arbeiten in Zweiergruppen: KT 1 bekommt Arbeitsblatt A, KT 2 Arbeitsblatt B.
2. Aufgabe 1: KL erklärt die Situation: KT 1 und KT 2 sind in eine gemeinsame Wohnung eingezogen und sind gerade beim Auspacken. KT 1 findet seine Lieblingsgegenstände nicht (da diese nur auf Arbeitsblatt B abgebildet sind). KT 2 weiß jedoch, wo sie sind. KT 2 sucht ebenfalls nach seinen Lieblingsgegenständen, von denen KT 1 weiß, wo sie zu finden sind.
3. KT diskutieren mithilfe der vorgegebenen Redemittel und zeichnen die eigenen Gegenstände an den entsprechenden Orten ein.
4. Aufgabe 2: Wenn alle Gegenstände „gefunden" worden sind, schreiben KT sechs Sätze über die Position der Lieblingsgegenstände.
5. Die Lösungen werden im Plenum kurz besprochen.

Mögliche weiterführende Übung:
KL bittet die KT, das Wohnzimmer mit den Gegenständen auf der Zeichnung einzurichten. KT können das Zimmer auch zeichnen, aber sie sollten ihre Sätze auch aufschreiben (z. B.: *Wir stellen den Computer auf den Tisch. Wir legen die Socken in die Kommode.*). Danach erstellen sie eine Liste der Gegenstände und Möbelstücke, die sie noch brauchen.

A22 Als Einleitung für diese Übung kann KL z. B. Folgendes sagen: *Andrea hat heute den Termin in der Sonnenstraße* (s. A12), *aber sie hat ein Problem. Was, glauben Sie, ist das Problem?*
KT äußern ihre Vermutungen, danach wird der Text einmal bei geschlossenem Buch vorgespielt und dann die Frage beantwortet: *Sie findet den Weg nicht.*

Zum weiteren Arbeitsvorgang: s. Anweisungen im Buch (Wegbeschreibung)

Arbeitsblatt 5: Satzanfänge und Satzenden

Wortschatz: Haus, Wohnen
Grammatik: Wechselpräpositionen

1. KL teilt die Karten aus: Jeder bekommt nur eine Karte. Es wird nach passenden Satzanfängen bzw. Satzenden mit einer Dativ- oder Akkusativergänzung gesucht.
2. KT gehen im Raum herum, vergleichen ihre Karten und finden den Gesprächspartner für A22 über die passende Satzhälfte.
3. Die Sätze werden im Plenum vorgelesen.

A23 KL kann KT bitten, für jeden Dialog einen anderen Ausgangspunkt zu wählen.

Zum weiteren Arbeitsvorgang: s. Anweisungen im Buch

Variante (Ratespiel im Plenum):
1. KL beschreibt einen Weg, z. B.: *Ich stehe vor der Oper, ich gehe nach links, ich biege in die erste Querstraße ein, dann gehe ich geradeaus, an der Kreuzung gehe ich rechts. Wo bin ich jetzt?* (Lösung: vor dem Rathaus)
2. KT beschreiben einige weitere Wege.

Mögliche Hausaufgabe:
KT suchen auf einer Internet-Landkarte nach einem Routenplan zwischen zwei Straßen in einer Großstadt. (Die Straßennamen kann KL vorgeben.)

Arbeitsblatt 6: Das Haus in der Marienstraße

Wortschatz: Teile eines Hauses (Wiederholung)
Grammatik: Wechselpräpositionen mit Dativ

1. KL kann die Übung einleiten, indem er sagt: *Die Wohnung in der Sonnenstraße war nicht die richtige für Andrea. Sie ruft die Maklerin noch einmal an, um weitere Details über die Wohnung in der Marienstraße (die sie vorher nicht besichtigen wollte) zu erfahren.*
2. KT diskutieren im Plenum und beantworten Andreas Fragen.

Variante:
Zweiergruppenarbeit in lernstarken Gruppen (erst nach gründlicher Vertiefung des Dativs):
KT 1 hat nur das Bild, KT 2 nur die Fragen.

Arbeitsblatt 7: Andreas Nachbarn

Wortschatz: Personenbeschreibung, Hausbeschreibung
Grammatik: Perfekt (Wiederholung), lokale Präpositionen

1. KL teilt die Arbeitsblätter aus: KT 1 bekommt Arbeitsblatt A und KT 2 Arbeitsblatt B. Andrea ist in die Wohnung in der Marienstraße eingezogen. Sie stellt sich den Nachbarn vor und die Nachbarn stellen sich ihr vor.
2. Aufgabe 1 wird im Plenum gelöst.
3. Aufgabe 2 und 3: KT diskutieren in Zweiergruppen und ergänzen die Informationen über Andreas Nachbarn und erfinden eine Identität für Andrea.
4. Die Nachbarn werden im Plenum kurz vorgestellt, danach stellt jede Gruppe „ihre Andrea" vor.

A24–26 Diese Aufgabensequenz dient der schriftlichen Wiederholung von Wortschatz und Grammatik dieses Kapitels.

Übungen: C9–11

Arbeitsblatt 8: Neugierige Fragen (Brettspiel)

Wortschatz: Wohnungen, Häuser
Grammatik: Wechselpräpositionen, Perfekt

1. KL legt das Brettspiel auf den Tisch (evtl. auf DIN A 3 vergrößert). Jede Gruppe verfügt über eine Figur/Münze o. ä., mit der sie versucht, ans Ziel zu kommen.
2. Die Gruppen würfeln der Reihe nach und beantworten die Frage des entsprechenden Kästchens.
3. Das Spiel geht so lange, bis die erste Gruppe das Ziel erreicht hat oder bis alle Gruppen das Ziel erreicht haben. Vor dem Spielbeginn sollten die KT gemeinsam entscheiden, ob sie nur fehlerfreie Antworten zulassen bzw. ob die Kleingruppe, die eine grammatikalisch falsche Aussage korrigieren kann, ein Kästchen vorrücken darf usw.

A27–31 Hausordnung, Konjugation von *dürfen*: s. Anweisungen im Buch

Grammatikübersicht und Übungen: C12–13

A32 Diese Aufgabe dient der mündlichen Wiederholung von Wortschatz und Grammatik des Kapitels. KT können hier ihre eigene oder eine fiktive Wohnung vorstellen oder eine Wohnung aus A4.

Arbeitsblatt 9: Satzbautraining

Lernziel: Wortschatz und Grammatik des Kapitels vertiefen

1. KT bilden Zweiergruppen: KT 1 bekommt Arbeitsblatt A, KT 2 Arbeitsblatt B. Aus dem ursprünglichen Satz werden mithilfe der Vorgaben neue Sätze gebildet.
2. In Teil A bildet KT 2 Sätze, KT 1 kontrolliert und korrigiert ihn.
3. In Teil B werden die Rollen getauscht.

Arbeitsblatt 10: Grammatik- und Wortschatztraining

Grammatik- und Wortschatzübungen zu den Artikelendungen und Wechselpräpositionen (nach A18 jederzeit einsetzbar)

Arbeitsblatt 11: Wiederholungstest

Der Test gibt KT Gelegenheit, sich zu überprüfen und eventuelle Fragen zu klären.

Arbeitsblatt 12: Prüfungsvorbereitung „Start Deutsch"

Zusammenfassende Übung und Vorbereitung auf die Prüfung *„Start Deutsch": Sprechen, Teil 2.*
Die Kandidaten müssen eine beliebige Frage zu dem auf ihrer Karte vorgegebenen Wort stellen.
Zur Beschreibung dieses Prüfungselements s. S. 227 im Lehrbuch.

B1–4 *fakultativ*
Wohnsituation in Deutschland: s. Anweisungen im Buch

B5 *fakultativ*
Der Kurzvortrag kann als Hausaufgabe vorbereitet werden. KL kann KT z. B. bitten, vom eigenen Haus im Heimatland Fotos mitzubringen oder im Internet Bilder von Häusern, die ihnen besonders gefallen, herunterzuladen.

D s. Hinweise S. 5

Kapitel 8

Im Phonetikteil dieses Kapitels wird die Aussprache der Komposita geübt. Bei der Korrektur sollte KL auf diesen Aspekt besonders achten.

Einführung des Themas, Aktivierung der Vorkenntnisse

Zur Einführung des neuen Themas kann KL z. B. folgende Fragen stellen: *Was/Wo/Wie haben Sie zum letzten Mal gefeiert? Beschreiben Sie den Ort! Wann haben Sie Geburtstag? Welche Anlässe feiert Ihre Familie? Mit wem feiern Sie gern?*

A1 Postkarten mit Glückwünschen: s. Anweisungen im Buch

A2 Konjugation und Bedeutung von *werden*: s. Anweisungen im Buch
Grammatikübersicht und Übung: C1

A3–5 Zu + Dativ, Personalpronomen im Dativ: s. Anweisungen im Buch
Grammatikübersicht und Übungen: C2–3

Arbeitsblatt 1: Geschenke

Wortschatz: Geschenke, Gegenstände
Grammatik: Akkusativ und Dativ, Personalpronomen

1. Vor der Verteilung der Arbeitsblätter: KT fragen sich in Zweiergruppen über ihre Hobbys und Interessen gegenseitig aus.
2. KL verteilt die Arbeitsblätter und erklärt die Aufgabe: Wir möchten für den Gesprächspartner ein passendes Geschenk aus dem Katalog wählen (s. Arbeitsblatt).
3. Die Wörter werden im Plenum ergänzt.
4. KT wählen für den Gesprächspartner ein Geschenk aus dem Katalog aus.
5. Im Plenum werden die Geschenke mit einer kurzen Begründung vorgestellt.
   KT 1 und KT 2 können ein kurzes Gespräch führen, z. B.: KT 1: *Ich habe für dich dieses Geschenk gekauft, denn du magst … (Bücher). Ich hoffe, es gefällt dir.* KT 2: *Danke, das ist sehr nett von dir. (Ich lese das Buch heute Abend.)* Auf diese Weise werden auch die bei der Überreichung eines Geschenks verwendeten Ausdrücke gelernt.

A6–7 A6: KT bereiten als Hausaufgabe den Bericht über das schönste Geschenk vor.
KL kann KT bitten, das Geschenk mitzubringen.
A7: Modalverb *sollen*, Imperativ, Dativ: s. Anweisungen im Buch

Arbeitsblatt 2: Was schenken wir …?

Wortschatz: Personenbeschreibung, Gegenstände
Grammatik: Akkusativ und Dativ, Personalpronomen

1. KL teilt die Karten aus: Jede Zweier- oder Dreiergruppe kann zwei oder drei Karten bekommen. Die Personen, deren Name und kurze Charakterisierung auf der Karte zu lesen ist, haben morgen Geburtstag. Wir suchen nach passenden Geschenken für sie.
2. KT lesen die Personenbeschreibungen und diskutieren über mögliche Geschenke (evtl. mithilfe von Arbeitsblatt 1).
3. KT stellen ihre Geschenke im Plenum vor und begründen kurz ihre Wahl.

Arbeitsblatt 3: Georg kauft ein

Wortschatz: Gegenstände, Lebensmittel
Grammatik: Akkusativ und Dativ, Konjunktor *denn*

1. KL teilt die Arbeitsblätter aus und erklärt die Aufgabe: *Der kleine Georg kauft für die ganze Familie ein. Was kauft er in den verschiedenen Geschäften? Wem kauft er diese Sachen und warum?* Auf diese Fragen suchen wir die Antwort.
2. Aufgabe 1: KT listen in Zweier- oder Dreiergruppen möglichst viele Waren auf, die man in den Geschäften kaufen kann. Die Wortlisten werden im Plenum verglichen.
3. Aufgabe 2: KT wählen in jedem Geschäft einen Artikel für ein Familienmitglied aus und schreiben dazu einen Satz, z. B.: *Georg kauft seinem Opa 500 Gramm Käse, denn Opa mag Käse/Milchprodukte/ hat viele Mäuse.* usw.
4. Die Sätze werden im Plenum vorgelesen.

A8 Partygespräche: s. Anweisungen im Buch

Mögliche weiterführende Übung: KL sagt, dass wir auf einer Party sind und uns kennenlernen möchten. KT bewegen sich frei im Raum und stellen sich ausführlich vor. (Hier können sie, wenn sie wollen, für sich eine neue Identität erfinden.) KL kann leise Musik einschalten.

Um den Lerneffekt zu steigern, kann KL jedem KT eine Frage geben (über Hobbys, Arbeit, Wohnung, Familie usw.), die er im Laufe seiner Partygespräche möglichst vielen Menschen stellen soll.

Arbeitsblatt 4: Sind Sie ein Partymensch?

Wortschatz: Party, Feier
Grammatik: kein besonderer Schwerpunkt

1. KL stellt vor der Austeilung der Arbeitsblätter folgende Fragen: *Gehen Sie gern auf Partys? Wann waren Sie das letzte Mal auf einer Party?* usw. Die Fragen werden im Plenum beantwortet.
2. Dann teilt er die Arbeitsblätter aus und erklärt die Aufgabe. Das Arbeitsblatt enthält einen Psychotest zum Thema: *Sind Sie ein Partymensch?*
3. KT diskutieren in Kleingruppen, beantworten die Fragen und werten anschließend ihre Antworten aus. (Es ist spannender, wenn jeder die Antworten eines anderen KT auswertet.)
4. KL kann am Ende im Plenum folgende Frage stellen: *Stimmen die Ergebnisse mit Ihrer Selbsteinschätzung überein?* Jeder beantwortet die Frage kurz.

A9–10 Der Text und die Aufgabe dienen der Überleitung zum Thema „Gesundheit".
A9: KT hören und lesen den Dialog, KL klärt die unbekannten Wörter.
A10: KL spielt den Dialog noch ein- oder zweimal vor, KT ergänzen die Informationen.

A11 Übungen zu Körperteilen: s. Anweisungen im Buch

Arbeitsblatt 5: Körperteile

Wortschatz: Körperteile
Grammatik: Artikel und Plural, Akkusativ und Dativ mit und ohne Präpositionen

1. Aufgabe 1 wird im Plenum gelöst (Körperteile nach Artikel ordnen).
2. Aufgabe 2: KT diskutieren in Kleingruppen oder im Plenum und bilden mit den Körperteilen und den vorgegebenen Verben Sätze.
3. Die Sätze werden im Plenum vorgelesen.

Variante: KT 1 liest seinen Satz vor, ohne den Körperteil zu nennen, z. B.: *Mit diesem Körperteil essen wir/singen wir. An diesem Körperteil tragen wir einen Ohrring.* usw. Die anderen KT nennen den Körperteil mit Artikel und Plural.

A12 Krankheiten und Ratschläge, Wiederholung der Funktion der Modalverben *sollen, möchte(n)* und *dürfen*: s. Anweisungen im Buch

Übungen: C4–5

A13 Phonetik (zusammengesetzte Wörter): s. Anweisungen im Buch

Arbeitsblatt 1 aus Kapitel 7 kann hier als Wiederholungsübung eingesetzt werden (Komposita aus Verben).

A14
1. Da der Dialog größtenteils bekannten Wortschatz enthält, kann KL den Dialog zuerst bei geschlossenem Buch zweimal vorspielen und KT bitten, alle Informationen, die sie verstanden haben, aufzuschreiben.
2. Die notierten Informationen werden in Kleingruppen verglichen.
3. KL spielt den Dialog bei geöffnetem Buch zum dritten Mal vor. KT kontrollieren ihre Notizen. Die unbekannten Wörter werden geklärt.

A15–16 Anweisungen für ein Medikament: s. Anweisungen im Buch

Mögliche weiterführende Übung für lernstarke Gruppen: KL bringt aus seiner Hausapotheke einige (deutsche) Medikamente mit. KT lesen die Anweisungen in Kleingruppen und fassen sie dann im Plenum kurz zusammen.

Übung: C10

Arbeitsblatt 6: Reaktionen

1. Jeder KT bekommt eine Karte, die entweder eine Aussage oder die Antwort auf eine Aussage (meistens einen guten Wunsch) beinhaltet. KT sollen die passende Aussage bzw. Antwort zu der eigenen Karte zu finden.
2. KT vergleichen ihre Karten, KT mit den zusammengehörenden Karten bilden eine Zweiergruppe für A17.
3. Die Minidialoge werden im Plenum vorgelesen.

A17–18 Prioritäten diskutieren, Entschuldigungen schreiben und auf den Anrufbeantworter sprechen, Ausreden erfinden: s. Anweisungen im Buch

Grammatikübersicht und Übung: C6

A19–25 Die letzte Aufgabensequenz des Buches beinhaltet die Einführung des Präteritums.

Für erwachsene Lerner, die sich schon auf dem Anfängerniveau gern mit Nachrichten und Zeitungsartikeln auseinandersetzen, ist diese Vergangenheitsform besonders wichtig. Aus dieser Überlegung heraus wird sie bereits hier eingeführt, obwohl sie über das Niveau A1 des Europäischen Referenzrahmens hinausgeht. Die Aufgaben sind selbstverständlich nur auf die Kenntnis dieser Zeitform und nicht auf ihren aktiven Gebrauch ausgerichtet.

Zum genauen Arbeitsvorgang: Kurznachrichten: s. Anweisungen im Buch

Mögliche Hausaufgabe für lernstarke Gruppen: KL stellt die Frage: *Über welche Themen schreiben die deutschen Zeitungen im Moment?* KT lesen die Schlagzeilen (nur die Schlagzeilen!) der aktuellen Ausgabe einer deutschen Zeitung (im Internet oder gedruckt) und notieren sich einige davon. (Evtl. kann jeder KT an einem anderen Tag die Zeitung lesen oder in eine andere Zeitung schauen.) Im nächsten Unterricht werden die Schlagzeilen kurz besprochen und eventuelle Fragen geklärt.

Grammatikübersicht: S. 216

Arbeitsblatt 7: Nachrichten

Wortschatz: Kurznachrichten
Grammatik: Nomen-Verb-Konstruktionen, Konjugation im Präsens und im Präteritum

Dieses Arbeitsblatt gibt einen thematischen Überblick der wichtigsten in den Kurznachrichten präsentierten Nomen-Verb-Konstruktionen. KT ergänzen die Sätze im Präsens, dann im Präteritum (evtl. auch im Perfekt).

Arbeitsblatt 8: An diesem Tag …

Wortschatz: Kurznachrichten
Datum, Grammatik: Präteritum

1. Vor Beginn der Dialogarbeit können die Zeitangaben (Datum, Jahreszahl) wiederholt werden.
2. KL teilt die Arbeitsblätter aus: KT 1 bekommt Arbeitsblatt A und KT 2 Arbeitsblatt B. Auf den Arbeitsblättern stehen Daten und kurze Beschreibungen der dazu gehörenden historischen Ereignisse, allerdings mit Lücken, denn einige Informationen hat nur der Gesprächspartner.
3. KT diskutieren in Zweiergruppen und ergänzen die fehlenden Informationen.
4. Die Sätze werden im Plenum vorgelesen.

Mögliche weiterführende Übung oder Hausaufgabe:
KT nennen einige wichtige Daten aus dem eigenen Leben und/oder aus der Geschichte ihres Heimatlandes.

A26 Diese Übung wiederholt das Perfekt. Hier sollte KL auch den grundlegenden Unterschied im Gebrauch des Perfekts und des Präteritums erläutern (Perfekt für mündliche und informelle schriftliche Kommunikation, Präteritum für anspruchsvolle Texte, v. a. schriftlich, z. B. Literatur und Nachrichten)

Grammatikübersicht und Übungen: C7–9

Arbeitsblatt 9: Satzbautraining

Lernziel: Wortschatz und Grammatik des Kapitels vertiefen

1. KT bilden Zweiergruppen: KT 1 bekommt Arbeitsblatt A, KT 2 Arbeitsblatt B. Aus dem ursprünglichen Satz werden mithilfe der Vorgaben fünf neue Sätze gebildet.
2. In Teil A bildet KT 2 Sätze, KT 1 kontrolliert und korrigiert ihn.
3. In Teil B werden die Rollen getauscht.

Arbeitsblatt 10: Grammatik- und Wortschatztraining

Grammatik- und Wortschatzübungen zum Präteritum (am Kapitelende einsetzbar)

Arbeitsblatt 11: Wiederholungstest

Der Test gibt KT Gelegenheit, sich zu überprüfen und eventuelle Fragen zu klären.

Arbeitsblatt 12: Prüfungsvorbereitung „Start Deutsch"

Zusammenfassende Übung und Vorbereitung auf die Prüfung *„Start Deutsch": Lesen, Teil 1.*
Zur Beschreibung dieses Prüfungselements s. S. 224 im Lehrbuch.

B1 *fakultativ*
Feiertage in der EU: s. Anweisungen im Buch

B2–7 *fakultativ*
Probleme bei der Weihnachtsfeier: s. Anweisungen im Buch

Mögliche weiterführende Übung oder Hausaufgabe:
KL kann KT bitten, einen Knigge für eine Feier im Heimatland (Hochzeit, Weihnachten, Geburtstag) zusammenstellen: *Wen muss/soll man einladen? Worüber darf man (nicht) sprechen? Was darf man nicht tun? Welches Gericht muss man unbedingt probieren?* usw.

D s. Hinweise S. 5

Arbeitsblatt 1: Karten zum Ausschneiden

Städte buchstabieren

Karte 1	**Karte 2**	**Karte 3**	**Karte 4**
Kapstadt	Wien	Budapest	Kairo
Karte 4	**Karte 6**	**Karte 7**	**Karte 8**
Amsterdam	Ottawa	Brüssel	Los Angeles
Karte 9	**Karte 10**	**Karte 11**	**Karte 12**
London	Neu-Delhi	Bagdad	Jerusalem
Karte 13	**Karte 14**	**Karte 15**	**Karte 16**
Buenos Aires	Warschau	Moskau	Dresden

Wie heißen die Berufe?

Nennen Sie die maskuline und die feminine Form.

	Mann	Frau
1.	Der Architekt	Die Architektin
2.	Der Ingenieur	Die Ingenieurin
3.	Der Maler	Die Malerin
4.	Der Arzt	Die Ärztin
5.	Der Mechaniker	Die Mechanikerin
6.	Der Kommissar	Die Kommisarin
7.	Der Kellner	Die Kelherin
8.	Der Koch	Die Köchin
9. Sie		
10. Ihre Nachbarin/ Ihr Nachbar		

Länder und Sprachen

Karte A	Karte B	Karte A	Karte B
Spanien	Spanisch	***Tunesien***	Arabisch
Karte A	**Karte B**	**Karte A**	**Karte B**
Frankreich	Französisch	***Russland***	Russisch
Karte A	**Karte B**	**Karte A**	**Karte B**
USA	Englisch	***Polen***	Polnisch
Karte A	**Karte B**	**Karte A**	**Karte B**
China	Chinesisch	***Portugal***	Portugiesisch

Zahlenbingo

1	2	3	4	5	6	7	8	9	10
11	12	13	14	15	16	17	18	19	20
21	22	23	24	25	26	27	28	29	30
31	32	33	34	35	36	37	38	39	40
41	42	43	44	45	46	47	48	49	50
51	52	53	54	55	56	57	58	59	60
61	62	63	64	65	66	67	68	69	70
71	72	73	74	75	76	77	78	79	80
81	82	83	84	85	86	87	88	89	90
91	92	93	94	95	96	97	98	99	100

Familie Behrens

Marta
Schwester von Hans
geschieden
Mathematiklehrerin
Hobbys: Gitarre spielen, Popmusik hören

Ich heiße Marta.
Ich bin …

Martin
Bruder von Hans
Informatik studieren (Bremen)
ledig
Fremdsprache: Englisch
Hobby: Computerprogramme schreiben

Hans Behrens
Chemiker bei BASF in Ludwigshafen
verheiratet mit Susanne
zwei Kinder
Hobbys: Tennis spielen, Briefmarken sammeln

Susanne
Frau von Hans
Mutter von Maximilian und Marie
Managerin bei BASF
Hobby: Kriminalromane lesen

Maximilian
Sohn von Hans und Susanne
Bruder von Marie
vier Jahre alt
Hobby: Fußball spielen

Marie
Tochter von Hans und Susanne
Schwester von Maximilian
acht Jahre alt
Hobby: im Chor singen

Welche Antwort passt? [A]

1. Stellen Sie Ihrer Nachbarin/Ihrem Nachbarn folgende Fragen und notieren Sie ihre/seine Antwort.

Frage	Antwort
1. Ist das Ihre Tochter?	....
2. Studierst du Informatik?	....
3. Wie ist Ihre Telefonnummer?	....
4. Sind Sie Kellnerin?	....
5. Lesen Sie gern deutsche Literatur?	....

2. Ihre Nachbarin/Ihr Nachbar stellt Ihnen einige Fragen.
Hören Sie zu und wählen Sie die passende Antwort. Schreiben Sie dann die Frage.

Frage	Antwort
1.	a) In Belgien. b) Vier.
2.	a) Wir spielen Tennis. b) Ich spiele Trompete.
3.	a) Ja, sie kommt aus Frankfurt. b) Nein, er kommt aus Freiburg.
4.	a) Nein, ich bin 56. b) Nein, ich bin geschieden.
5.	a) Nein, mit Karl. b) Ja, sie ist alt.

Arbeitsblatt 6b

Welche Antwort passt? [B]

1. Ihre Nachbarin/Ihr Nachbar stellt Ihnen einige Fragen.
   Hören Sie zu und wählen Sie die passende Antwort. Schreiben Sie dann die Frage.

Frage	Antwort
1.	a) Ja, sie ist zwei Jahre alt. b) Nein, sie wohnt in Berlin.
2.	a) Ja. Du auch? b) Nein, ich heiße Joseph.
3.	a) Danke. b) 7 85 44.
4.	a) Nein, ich bin Taxifahrerin. b) Ja, ich spreche sehr gut Griechisch.
5.	a) Ja, ich lese gern deutsche Literatur. b) Ja, ich bin Sekretärin.

2. Stellen Sie Ihrer Nachbarin/Ihrem Nachbarn folgende Fragen und notieren Sie ihre/seine Antwort.

Frage	Antwort
1. Wie viele Sprachen sprichst du?	....
2. Was ist dein Hobby?	....
3. Kommt Helmut auch aus Frankfurt?	....
4. Bist du ledig?	....
5. Ist Ulrike mit Paul verheiratet?	....

Infobörse

Sammeln Sie Informationen über Ihre Gruppe und berichten Sie.

Name ....
Beruf ....
Wohnort ....
Telefonnummer ....
E-Mail-Adresse ....
Sprachen ....
Hobbys (Musik, Sport, Lektüre) ....

Name ....
Beruf ....
Wohnort ....
Telefonnummer ....
E-Mail-Adresse ....
Sprachen ....
Hobbys (Musik, Sport, Lektüre) ....

Name ....
Beruf ....
Wohnort ....
Telefonnummer ....
E-Mail-Adresse ....
Sprachen ....
Hobbys (Musik, Sport, Lektüre) ....

Name ....
Beruf ....
Wohnort ....
Telefonnummer ....
E-Mail-Adresse ....
Sprachen ....
Hobbys (Musik, Sport, Lektüre) ....

Wer sind diese Menschen?

Diskutieren Sie in Kleingruppen und erfinden Sie eine Identität für diese Menschen. Beantworten Sie folgende Fragen.

- Wie heißt er/sie?
- Wo wohnt er/sie?
- Woher kommt er/sie?
- Was ist seine/ihre Muttersprache?
- Was ist er/sie von Beruf?
- Wie alt ist er/sie?
- Hat er/sie Hobbys? Wenn ja, was?
- Welche Sprachen spricht er/sie?

Satzbautraining [A]

1. Kontrollieren Sie die Sätze Ihrer Nachbarin/Ihres Nachbarn.

(1) Ich spreche ein bisschen Deutsch.

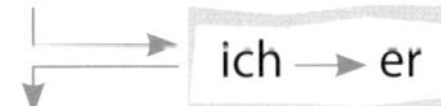

(2) Er spricht ein bisschen Deutsch.

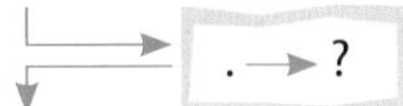

(3) Spricht er ein bisschen Deutsch?

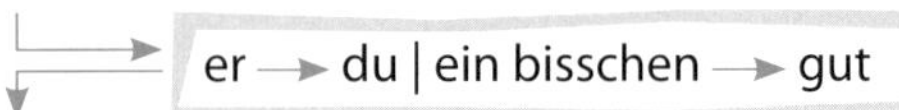

(4) Sprichst du gut Deutsch?

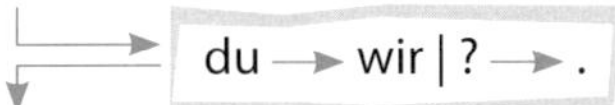

(5) Wir sprechen gut Deutsch.

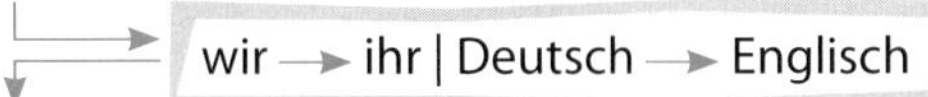

(6) Ihr sprecht gut Englisch.

2. Bilden Sie Sätze. Verändern Sie immer nur die vorgegebenen Wörter.

(1) Meine Tochter schreibt Gedichte.

Tochter → Sohn

(2) ....

(3) ....

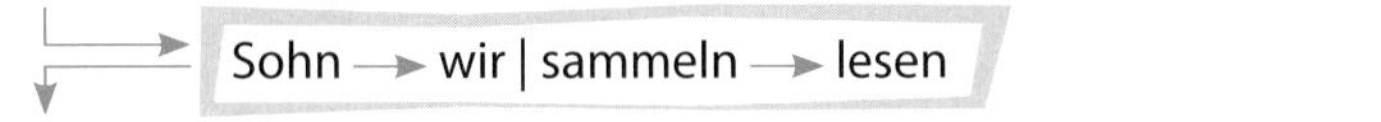

(4) ....

(5) ....

du → Sie

(6) ....

Satzbautraining [B]

1. Bilden Sie Sätze. Verändern Sie immer nur die vorgegebenen Wörter.

   (1) Ich spreche ein bisschen Deutsch.

   ich → er

   (2) ....

   . → ?

   (3) ....

   er → du | ein bisschen → gut

   (4) ....

   du → wir | ? → .

   (5) ....

   wir → ihr | Deutsch → Englisch

   (6) ....

2. Kontrollieren Sie die Sätze Ihrer Nachbarin/Ihres Nachbarn.

   (1) Meine Tochter schreibt Gedichte.

   Tochter → Sohn

   (2) Mein Sohn schreibt Gedichte.

   Gedichte schreiben → Kriminalromane sammeln

   (3) Mein Sohn sammelt Kriminalromane.

   Sohn → wir | sammeln → lesen

   (4) Wir lesen Kriminalromane.

   wir → du | . → ?

   (5) Liest du Kriminalromane?

   du → Sie

   (6) Lesen Sie Kriminalromane?

Arbeitsblatt 10

Grammatik- und Wortschatztraining

1. Ergänzen Sie die Konjugation der regelmäßigen Verben.

		singen	spielen	lernen
Singular	ich	*singe*	....	....
	du	....	....	....
	er/sie/es	....	....	....
Plural	wir	....	....	....
	ihr	....	....	....
	sie	....	....	....
formell	Sie	....	....	....

2. Ergänzen Sie die Konjugation der unregelmäßigen Verben.

		arbeiten	heißen	lesen	sprechen	sein
Singular	ich	....	....	....	....	..........!
	du	..........!	..........!	..........!	..........!	..........!
	er/sie/es	..........!	....	..........!	..........!	..........!
Plural	wir	....	....	....	....	..........!
	ihr	....	....	....	....	..........!
	sie	....	....	....	....	..........!
formell	Sie	....	....	....	....	..........!

3. Sammeln Sie passende Nomen.
   1. lesen: *Romane,* ....
   ....
   2. sprechen: *Griechisch,* ....
   ....
   3. arbeiten als: *Sekretär,* ....
   4. kommen: *aus Deutschland,* ....
   ....

Wiederholungstest

1a. Ergänzen Sie die Sätze.

Ich heiße Claudia Winkler.

.... aus Düsseldorf.

.... in Berlin.

.... (030) 24 76 54 99.

.... 36 Jahre alt.

.... als Kellnerin.

.... gut Englisch und ein bisschen Finnisch.

.... Tennis und Singen.

.... Popmusik.

.... verheiratet.

Mein Mann .... als Busfahrer.

.... /10 Punkte

1b. Füllen Sie das Formular für Claudia aus.

Name: *Claudia Winkler*

Alter: ....

Beruf: ....

Familienstand: ....

Adresse: ....

Hobbys: ....

.... /5 Punkte

2. Ergänzen Sie die Verben.

1. *Wohnen* Ihre Eltern auch in Hamburg? *(wohnen)*
2. Meine Tochter .... gern Gedichte. *(lesen)*
3. .... ihr Gitarre? *(spielen)*
4. .... Sie Ärztin? *(sein)*
5. Carlo .... aus Italien. *(kommen)*
6. .... du Briefmarken? *(sammeln)*

.... /5 Punkte

3. Wie heißt das Land? Wie heißt die Sprache?

Land	Sprache
Griechenland	Griechisch
....	Spanisch
Deutschland	....
....	Englisch
China	....
Italien	....
Portugal	....

.... /6 Punkte

4. Schreiben Sie die Zahlen.

a)	4	=	*vier*				
b)	18	=	....	e)	12	=	....
c)	20	=	....	f)	74	=	....
d)	53	=	....	g)	131	=	....

.... /6 Punkte

5. Schreiben Sie die Fragen.

1. *Wie ist Ihre/deine E-Mail-Adresse?*
   Meine E-Mail-Adresse ist brigitte243@yahoo.com.
2. ....?
   Nein, ich spiele lieber Tennis.
3. ....?
   (045) 8 73 34 51.
4. ....?
   Ich komme aus Marokko.
5. ....?
   Ich arbeite bei BMW.

.... /8 Punkte

Insgesamt: .... /40 Punkte

Prüfungsvorbereitung „Start Deutsch"

1. Bitte erzählen Sie über sich. Geben Sie folgende Informationen:

- Name
- Alter
- Land
- Wohnort
- Telefonnummer/Handynummer
- Familienstand
- Muttersprache
- Fremdsprache(n)
- Beruf
- Hobby(s)

2. Sie verstehen die Antwort nicht. Was fragen Sie?

Name:	*Wie bitte? Wie heißen Sie?*
Alter:	*Wie bitte?* ....?
Land:	..............................?
Wohnort:	..............................?
Telefonnummer:	..............................?
Familienstand:	..............................?
Muttersprache:	..............................?
Fremdsprache(n):	..............................?
Beruf:	..............................?
Hobby(s):	..............................?

Was fehlt hier? [A]

1. Welche Gegenstände sehen Sie im Büro von Robert? Schreiben Sie eine Liste.

2. Ihre Nachbarin/Ihr Nachbar hat ein anderes Bild vom Büro.
   Welche **sieben Gegenstände** fehlen auf ihrem/seinem Arbeitsblatt? Diskutieren Sie.

Redemittel

A: Hier ist ein(e) … *(eine Lampe)*. Ist dort auch ein(e) … *(eine Lampe)*?

B: Ja, hier ist auch ein(e) … *(eine Lampe)*.

B: Nein, hier ist kein(e) … *(keine Lampe)*.
oder: Nein, hier fehlt der/die/das … *(die Lampe)*.

Was fehlt hier? [B]

1. Welche Gegenstände sehen Sie im Büro von Robert? Schreiben Sie eine Liste.

....

....

....

....

....

....

2. Ihre Nachbarin/Ihr Nachbar hat ein anderes Bild vom Büro.
   Welche **sieben Gegenstände** fehlen auf diesem Arbeitsblatt? Diskutieren Sie.

Redemittel

A: Hier ist ein(e) … *(eine Lampe)*. Ist dort auch ein(e) … *(eine Lampe)*?

B: Ja, hier ist auch ein(e) … *(eine Lampe)*.

B: Nein, hier ist kein(e) … *(keine Lampe)*.
oder: Nein, hier fehlt der/die/das … *(die Lampe)*.

Gegenteile ziehen sich an …

Karte A	Karte B	Karte A	Karte B
neu	alt	***interessant***	langweilig
schön	hässlich	***klein***	groß
bequem	unbequem	***warm***	kalt
billig	teuer	***praktisch***	unpraktisch

Wir gehen einkaufen [A]

Teil A

1. Notieren Sie zuerst die Namen der Gegenstände mit Artikel.
2. Beantworten Sie dann die Fragen Ihrer Nachbarin/Ihres Nachbarn.

1	2	3	4

die Kaffeemaschine	....	....	....
Preis: 55 Euro Land: Italien sehr modern	Preis: 199 Euro Land: Schweden schön	Preis: 23 Euro Land: Polen bequem	Preis: 10 Euro Land: Frankreich billig

Teil B

1. Notieren Sie zuerst die Namen der Gegenstände mit Artikel.
2. Diskutieren Sie dann mit Ihrer Nachbarin/Ihrem Nachbarn und ergänzen Sie die Informationen.

1	2	3	4
		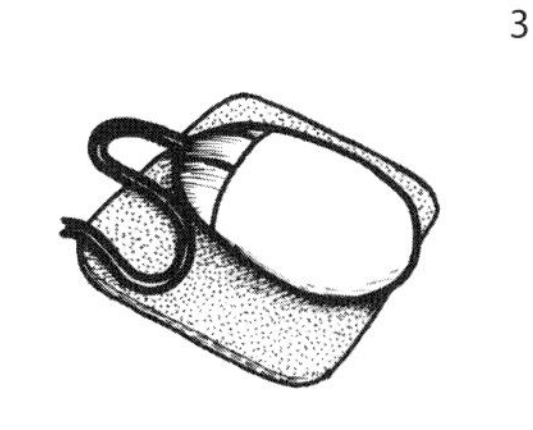	
....	....	....	....
Preis: Land: Besonderheit:	Preis: Land: Besonderheit:	Preis: Land: Besonderheit:	Preis: Land: Besonderheit:

Dialogmodell

- ♦ Entschuldigung! Kann ich Sie etwas fragen?
  - ◊ Ja, natürlich.
- ♦ Woher kommt der/die/das ...?
  - ◊ Er/Sie/Es kommt aus ... *(Polen)*.
- ♦ Ach, ein(e) ... *(ein polnischer Stuhl)*! Und was kostet er/sie/es?
  - ◊ Er/Sie/Es kostet ... Euro. Das ist ein(e) ... *(ein bequemer Stuhl)*.
- ♦ Ja, sicher. Vielen Dank./Danke schön./Danke sehr.
  - ◊ Bitte./Bitte sehr.

Wir gehen einkaufen [B]

Teil A

1. Notieren Sie zuerst die Namen der Gegenstände mit Artikel.
2. Diskutieren Sie dann mit Ihrer Nachbarin/Ihrem Nachbarn und ergänzen Sie die Informationen.

1	2	3	4

	....	....	....
Preis: Land: Besonderheit:	Preis: Land: Besonderheit:	Preis: Land: Besonderheit:	Preis: Land: Besonderheit:

Teil B

1. Notieren Sie zuerst die Namen der Gegenstände mit Artikel.
2. Beantworten Sie dann die Fragen Ihrer Nachbarin/Ihres Nachbarn.

1	2	3	4
		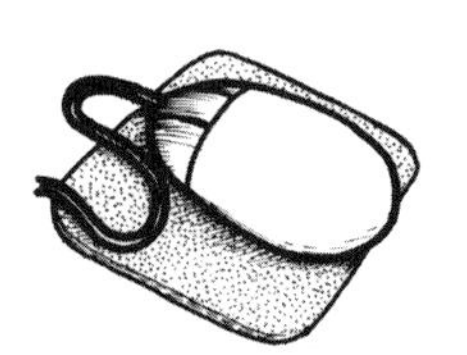	
....	....	....	....
Preis: 41 Euro Land: Holland klein und praktisch	Preis: 1399 Euro Land: Japan schnell	Preis: 35 Euro Land: Dänemark modern	Preis: 117 Euro Land: China preiswert

Dialogmodell

- ♦ Entschuldigung! Kann ich Sie etwas fragen?
  - ◊ Ja, natürlich.
- ♦ Woher kommt der/die/das …?
  - ◊ Er/Sie/Es kommt aus … *(Polen)*.
- ♦ Ach, ein(e) … *(ein polnischer Stuhl)*! Und was kostet er/sie/es?
  - ◊ Er/Sie/Es kostet … Euro. Das ist ein(e) … *(ein bequemer Stuhl)*.
- ♦ Ja, sicher. Vielen Dank./Danke schön./Danke sehr.
  - ◊ Bitte./Bitte sehr.

Der Campus [1]

1. Hören Sie zu und ergänzen Sie.

1. ....
2. ....
3. ....
4. ....
5. ....
6. ....
7. ....
8. ....

2. Diese Gegenstände findet man auf dem Campus. Ordnen Sie sie nach Artikel.

Bleistift, -e • Büro, -s • Computer, - • Drucker, - • Fußball, ¨-e • Kaffeemaschine, -n • Kugelschreiber, - • Lampe, -n • Papier, -e • Rechnung, -en • Regal, -e • Roman, -e • Schreibtisch, -e • Sprachbuch, ¨-er • Stuhl, ¨-e • Telefon, -e • Terminkalender, - • Tisch, -e • Wörterbuch, ¨-er • Zeitung, -en

maskulin	feminin	neutral
der Bleistift, -e	....	....
....	....	....
....	....	....
....	....	....
....		....
....		....
....		
....		
....		
....		

3. Stellen Sie das Gebäude auf Ihrer Karte vor.
Was kann man dort machen? Welche Gegenstände sind dort?

Das ist … Hier kann man … Hier ist (k)ein/e … *(Tisch)*. Hier sind (keine) … *(Bücher)*.

Beispiel: *Das ist unsere Cafeteria. Hier kann man Kaffee und Cola trinken und etwas essen. Hier sind Tische und Stühle und eine (große) Kaffeemaschine.*

Arbeitsblatt 4 [2]: Karten zum Ausschneiden

Der Campus [2]

Karte 1	Karte 2
Sekretariat	Verwaltung
Karte 3	**Karte 4**
Bibliothek	Sprachenzentrum
Karte 5	**Karte 6**
Kantine	Mensa
Karte 7	**Karte 8**
Sporthalle	Cafeteria

Hobbys

1. Nennen Sie die Hobbys.

1

Fußball spielen

2

....

....

3

....

....

4

....

....

5

....

....

6

....

....

7

....

....

8

....

....

9

....

....

10

....

....

11

....

....

12

....

....

2. Würfeln und formulieren Sie Sätze.

1 = ich	4 = wir
2 = du	5 = ihr
3 = er, sie, es	6 = Sie, sie

In der Cafeteria

1. Spielen Sie diesen Dialog.

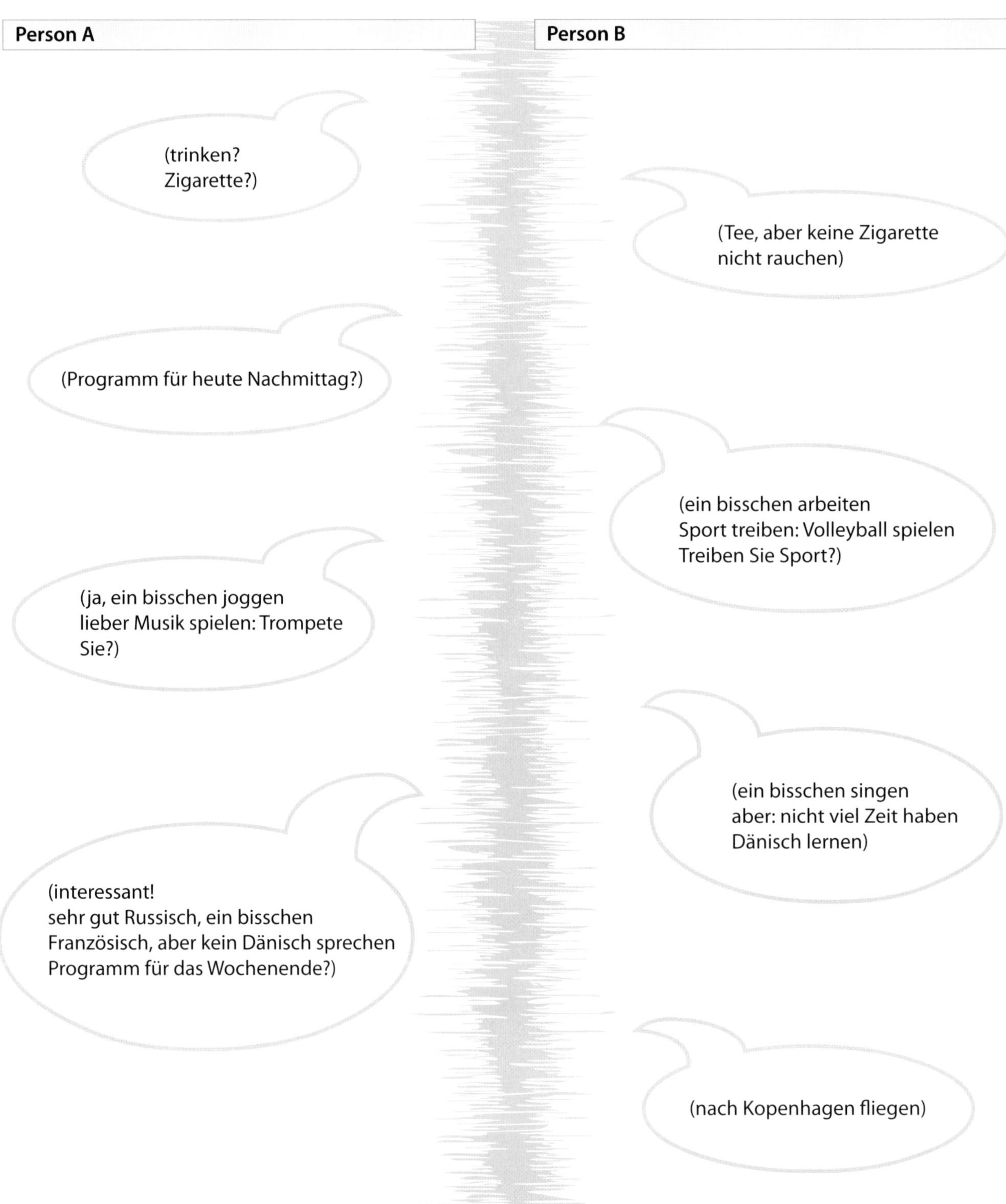

2. Spielen Sie den Dialog noch einmal. Sagen Sie jetzt die Wahrheit.

Das kann man …

Karte 1	Karte 2	Karte 3	Karte 4
Briefmarken Hip-Hop	Blues Schach	Gymnastik Rockmusik	Gitarre Portugiesisch
Karte 5	**Karte 6**	**Karte 7**	**Karte 8**
Trompete Gedichte	Musik Salsa	Fußball Zeitung	Literatur Fahrrad
Karte 9	**Karte 10**	**Karte 11**	**Karte 12**
Tango Mathematik	Deutsch Karten	klassische Musik Golf	Saxofon Motorrad
Karte 13	**Karte 14**	**Karte 15**	**Karte 16**
Ski alte Bücher	Volleyball Englisch	Sport Kaffee	Latein Auto

Dominospiel

spricht sehr gut Polnisch.	Am Montag lerne
Ich Chinesisch.	Katja schwimmt
am Dienstag.	Was machen
Sie am Mittwoch?	Kannst du
Tango tanzen?	Wir fahren
gern Motorrad.	Sammelt er
auch Briefmarken?	Am Wochenende fährt
sie nach Leipzig.	Am Freitag spielen
wir oft Fußball.	Haben Sie
auch ein Hobby?	Ich kann leider
nicht gut kochen.	Arbeitest du
auch am Samstag?	Mein Drucker
funktioniert nicht.	Herr und Frau Meyer
können gut Klavier spielen.	Meine Tochter

Satzbautraining [A]

1. Kontrollieren Sie die Sätze Ihrer Nachbarin/Ihres Nachbarn.

(1) Ich studiere in Freiburg Medizin, aber meine Eltern wohnen in Bremen.

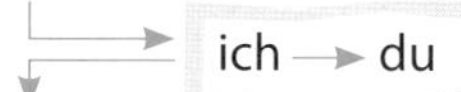

(2) Du studierst in Freiburg Medizin, aber deine Eltern wohnen in Bremen.

(3) Du studierst in Freiburg Architektur, aber deine Eltern wohnen in Bremen.

du → er | Eltern → Freundin

(4) Er studiert in Freiburg Architektur, aber seine Freundin wohnt in Bremen.

(5) Er arbeitet in Freiburg als Architekt, aber seine Freundin wohnt in Bremen.

er → sie | Freundin → Freund

(6) Sie arbeitet in Freiburg als Architektin, aber ihr Freund wohnt in Bremen.

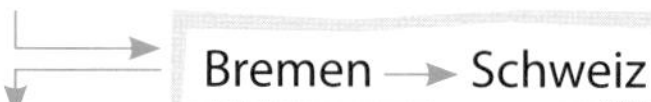

(7) Sie arbeitet in Freiburg als Architektin, aber ihr Freund wohnt in der Schweiz.

2. Bilden Sie Sätze. Verändern Sie immer nur die vorgegebenen Wörter.

(1) Ich habe einen schönen Schreibtisch, aber ich brauche einen neuen Stuhl.

Schreibtisch → Zimmer

(2) ……………………………………………………………………………………

Stuhl → Computer

(3) ……………………………………………………………………………………

ich → wir | schön → groß

(4) ……………………………………………………………………………………

wir → du

(5) ……………………………………………………………………………………

Arbeitsblatt 9b

Satzbautraining [B]

1. Bilden Sie Sätze. Verändern Sie immer nur die vorgegebenen Wörter.

(1) Ich studiere in Freiburg Medizin, aber meine Eltern wohnen in Bremen.

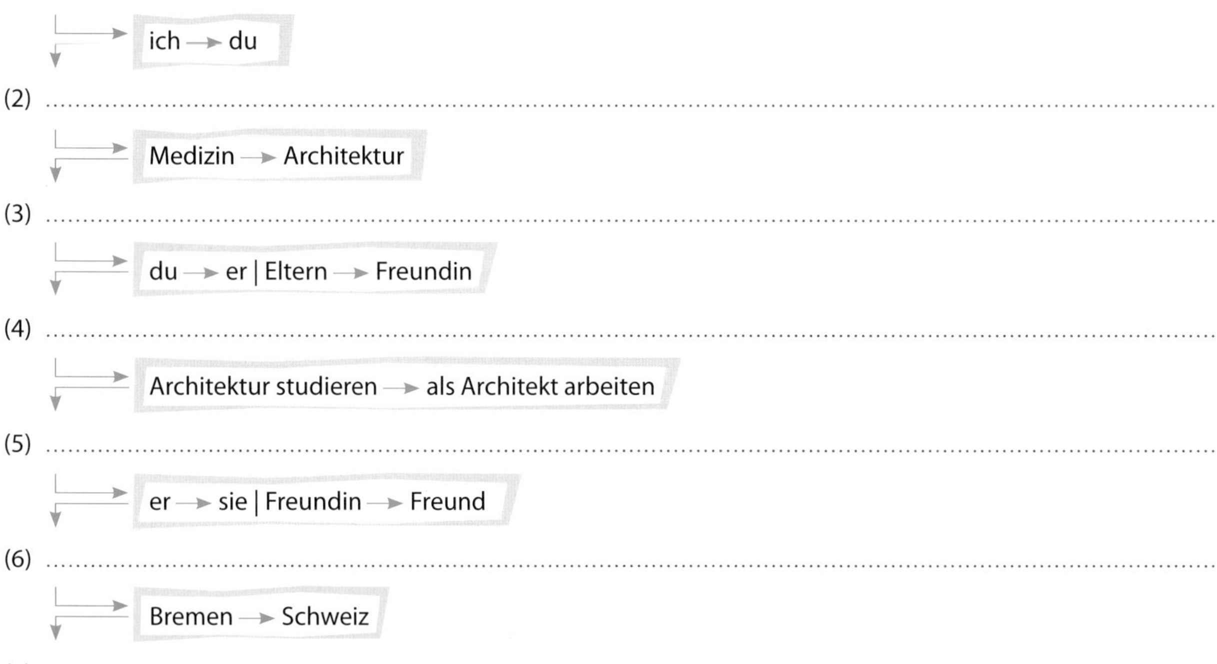

ich → du

(2) ....

Medizin → Architektur

(3) ....

du → er | Eltern → Freundin

(4) ....

Architektur studieren → als Architekt arbeiten

(5) ....

er → sie | Freundin → Freund

(6) ....

Bremen → Schweiz

(7) ....

2. Kontrollieren Sie die Sätze Ihrer Nachbarin/Ihres Nachbarn.

(1) Ich habe einen schönen Schreibtisch, aber ich brauche einen neuen Stuhl.

Schreibtisch → Zimmer

(2) Ich habe <u>ein schönes Zimmer</u>, aber ich brauche einen neuen Stuhl.

Stuhl → Computer

(3) Ich habe ein schönes Zimmer, aber ich brauche einen neuen <u>Computer</u>.

ich → wir | schön → groß

(4) <u>Wir haben</u> ein <u>großes Zimmer</u>, aber <u>wir brauchen</u> einen neuen Computer.

wir → du

(5) <u>Du hast</u> ein großes Zimmer, aber <u>du brauchst</u> einen neuen Computer.

brauchen → möchten | neu → modern

(6) Du hast ein schönes Zimmer, aber <u>du möchtest</u> einen <u>modernen</u> Computer.

du → er

(7) <u>Er hat</u> ein schönes Zimmer, aber <u>er möchte</u> einen modernen Computer.

Grammatik- und Wortschatztraining

1. Ergänzen Sie die Possessivartikel.

	maskulin	feminin	neutrum	Plural
ich und	*mein* Vater	.... Mutter	.... Kind	.... Freunde
du und	.... Vater	.... Mutter	.... Kind	.... Freunde
er/es und	.... Vater	.... Mutter	.... Kind	.... Freunde
sie und	.... Vater	.... Mutter	.... Kind	.... Freunde
wir und	.... Vater	.... Mutter	.... Kind	.... Freunde
ihr und	.... Vater	.... Mutter	.... Kind	.... Freunde
sie und	.... Vater	.... Mutter	.... Kind	.... Freunde
Sie und	.... Vater	.... Mutter	.... Kind	.... Freunde

2. Sammeln Sie passende Substantive. Achten Sie auf den Artikel.

    1. Mein … funktioniert gut. *Computer, Drucker,* ....
    ....
    2. Deine … lernt Japanisch. ....
    ....
    3. Ihr … ist schön. ....
    ....
    4. Seine … kostet 200 Euro. ....
    ....
    5. Unsere … geht nicht. ....
    ....
    6. Euer … raucht sehr viel. ....
    ....
    7. Ihre … sind kaputt. ....
    ....

Wiederholungstest

1. Wie heißen die Gegenstände? Schreiben Sie auch den Artikel.

1	2	3	4	5	6
die Kaffeemaschine	....	....	....	....	....

.... /5 Punkte

2. *Kein(e)* oder *nicht*? Ergänzen Sie.
   1. Das ist kein Kugelschreiber, das ist ein Bleistift.
   2. Ich rauche ....
   3. Mein Bruder kann .... singen.
   4. Der Bürostuhl ist .... billig, er ist teuer.
   5. Hier steht .... Schreibtisch.
   6. Unsere Freunde spielen .... gern Volleyball.

.... /5 Punkte

3. Bilden Sie Sätze.
   1. er – kommen – aus Deutschland?
      Kommt er aus Deutschland?
   2. wir – hören – gern – Rockmusik
      ....
   3. der Drucker – sein – kaputt
      ....
   4. ich – können – gut – schwimmen
      ....
   5. Sie – können – Klavier spielen?
      ....
   6. Clara – fahren – am Dienstag – nach Dortmund
      ....

.... /10 Punkte

4. Ergänzen Sie den Possessivartikel.

   1. *Mein* Telefon funktioniert nicht. *(ich)*
   2. .... Nachbarin kann gut Salsa tanzen. *(sie)*
   3. .... Mann und ich arbeiten zusammen. *(sie)*
   4. .... altes Auto ist schön. *(ihr)*
   5. .... Tochter sammelt Briefmarken. *(wir)*
   6. .... Telefonnummer ist 4 55 38 71. *(ich)*

.... /5 Punkte

5. Ergänzen Sie die richtige Verbform.

   1. Ich *koche* sehr gern.
   2. .... ihr auch gern?
   3. Nein, wir .... nicht gern.
   4. Dieter kann sehr gut ....

   5. Dagmar und Manfred .... gern Freunde.
   6. Meine Schwester .... gern Freunde.
   7. .... Sie auch gern Freunde?
   8. Am Samstag .... meine Eltern Freunde.

   9. Markus .... gern Auto.
   10. .... du auch gern Auto?
   11. Ja, ich .... gern Auto.

.... /10 Punkte

6. Ergänzen Sie das passende Wort.

   1. *Was* kostet der Bücherschrank?
      a) ❐ Wer b) ✗ Was c) ❐ Wie
   2. Ich habe ein .... Problem.
      a) ❐ schönes b) ❐ großes c) ❐ dunkles
   3. Das Buch ist nicht interessant, es ist ....
      a) ❐ praktisch b) ❐ teuer c) ❐ langweilig
   4. Das Wochenende ist der Samstag und der ....
      a) ❐ Montag b) ❐ Mittwoch c) ❐ Sonntag
   5. Am Dienstag lernen .... Japanisch.
      a) ❐ ihr b) ❐ wir c) ❐ du
   6. Mein Stuhl ist unbequem. Ich kann nicht ....
      a) ❐ stehen b) ❐ sehen c) ❐ sitzen

.... /5 Punkte

Insgesamt: .... /40 Punkte

Prüfungsvorbereitung „Start Deutsch"

Freizeit Hobby	Freizeit Sport	Freizeit Musik
Freizeit Instrument	Freizeit Freund/ Freundin	Freizeit Sonntag
Freizeit tanzen	Freizeit Bücher	Freizeit Computer
Freizeit Fotos	Freizeit Sprachen	Freizeit sammeln

Im Hotel

Spielen Sie diesen Dialog.

Gast	Rezeptionist
(Zimmer frei?)	
	(ja. Einzelzimmer oder Doppelzimmer?)
(Einzelzimmer)	
	(wie viele Nächte?)
(eine Nacht Preis?)	
	(55 Euro)
(mit oder ohne Frühstück?)	
	(mit Frühstück Kreditkarte oder bar?)
(Kreditkarte)	
	(Adresse?)
(Schillerplatz 32, Magdeburg)	
	(Zimmerschlüssel: Zimmer 214 gute Nacht!)

Nominativ oder Akkusativ?

Ergänzen Sie die Tabelle. Unterstreichen Sie den Akkusativ.

Ich habe ein Problem.
Gibt es hier ein Hotelrestaurant?
Gut, wir nehmen das Zimmer.
Lesen Sie die E-Mail von Klara.
Er ist der neue Informatiker.
Der Preis ist inklusive Frühstück.
Brauchst du meine Handynummer?
Lesen Sie den Text.
Trinken Sie auch einen Kaffee?
Kyoto ist eine japanische Stadt.
Am Freitag besuche ich den Englischen Garten.
Ich schreibe einen Kriminalroman.
Ich rauche fünf Zigaretten pro Tag.
Ich zahle mit Kreditkarte.
Hören Sie den Dialog.
Spielen Sie kleine Gespräche.
Kommst du auch aus Köln?

Im Satz ist kein Akkusativ.	
Er ist der neue Informatiker.	(*sein* + Nominativ)

Im Satz gibt es einen Akkusativ.	
Ich habe ein Problem.	(*haben* + Akkusativ)

Haben Sie das in Ihrer Tasche?

Führen Sie kleine Gespräche. Nutzen Sie die Dialogmodelle.

Dialogmodelle

I. maskulin

A: Hast du/Haben Sie *einen* Bleistift dabei?

B: Ja, ich habe *einen* Bleistift dabei.
Ja, klar!/Ja, natürlich!

B: Nein, ich habe *keinen* Bleistift dabei.
Nein, leider habe ich *keinen* Bleistift dabei.

II. feminin

A: Hast du/Haben Sie *eine* Brille dabei?

B: Ja, ich habe *eine* Brille dabei.
Ja, klar!/Ja, natürlich!

B: Nein, ich habe *keine* Brille dabei.
Nein, leider habe ich *keine* Brille dabei.

III. neutral

A: Hast du/Haben Sie *ein* Wörterbuch dabei?

B: Ja, ich habe *ein* Wörterbuch dabei.
Ja, klar!/Ja, natürlich!

B: Nein, ich habe *kein* Wörterbuch dabei.
Nein, leider habe ich *kein* Wörterbuch dabei.

IV. Plural

A: Hast du/Haben Sie Fotos dabei?

B: Ja, ich habe *einige/viele* Fotos dabei.
Ja, klar!/Ja, natürlich!

B: Nein, ich habe *keine* Fotos dabei.
Nein, leider habe ich *keine* Fotos dabei.

Ja oder nein?

Karte 1	Karte 2	Karte 3	Karte 4
Gibt es hier auch ein Hotelrestaurant?	Zahlen Sie mit Kreditkarte?	Trinkt Clara auch ein kühles Bier?	Haben Sie Handtücher?
Karte 5	**Karte 6**	**Karte 7**	**Karte 8**
Möchten Sie ein Doppelzimmer?	Nehmt ihr auch zwei Einzelzimmer mit Dusche?	Brauchst du auch eine helle Lampe?	Machen Sie auch einen Spaziergang?
Karte 9	**Karte 10**	**Karte 11**	**Karte 12**
Finden Sie Paris schön?	Kommen Sie aus Teheran?	Möchten Sie einen neuen Fernseher?	Ist der Eintritt frei?
Karte 13	**Karte 14**	**Karte 15**	**Karte 16**
Liegt dein Hotel günstig?	Ist der Preis inklusive Frühstück?	Hat Ihr Zimmer einen Internetanschluss?	Brauchen Sie unbedingt eine Minibar?

Arbeitsblatt 5: Karten zum Ausschneiden

Tauschbörse

Karte 1  eine neue Maus	**Karte 2** 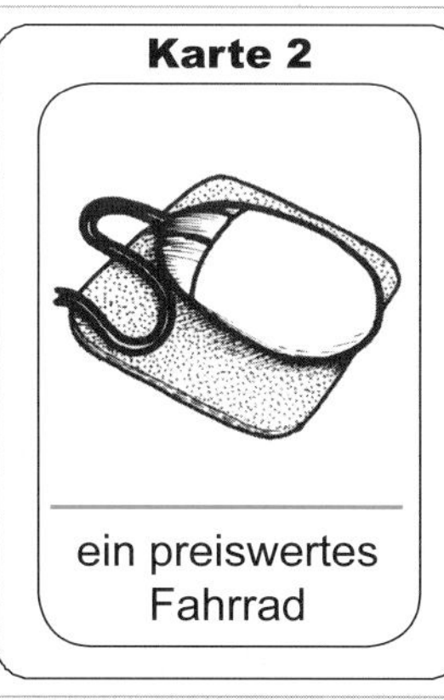 ein preiswertes Fahrrad	**Karte 3**  eine schöne Lampe	**Karte 4**  ein roter Kugel-schreiber
Karte 5  ein bequemer Bürostuhl	**Karte 6**  ein alter Tisch	**Karte 7**  ein guter Drucker	**Karte 8**  ein moderner Laptop
Karte 9  ein neuer Termin-kalender	**Karte 10**  ein japanisches Auto	**Karte 11**  ein deutscher Roman	**Karte 12**  eine italienische Kaffeemaschine
Karte 13  ein alter Fernseher	**Karte 14**  ein preiswertes Telefon	**Karte 15**  eine moderne Brille	**Karte 16**  ein großes Wörterbuch

Wo kann ich hier …? [A]

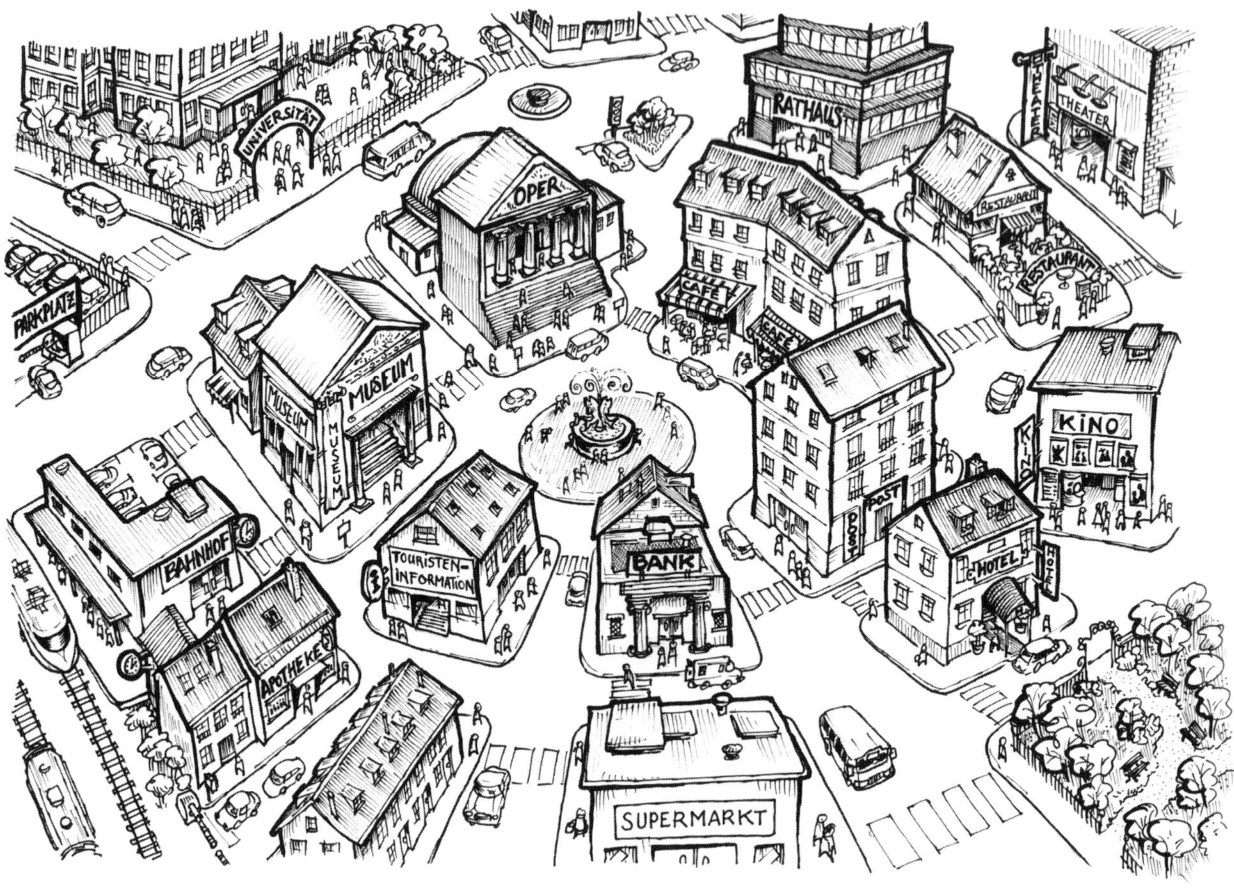

1. Das ist der Stadtplan einer Stadt. Das möchten Sie:

> Informationen bekommen ♦ übernachten ♦ etwas essen ♦ Ihr Auto parken ♦ einen Film sehen ♦ berühmte Bilder bewundern ♦ eine Aspirintablette kaufen

2. Führen Sie kurze Gespräche mit Ihrer Nachbarin/Ihrem Nachbarn.

Dialogmodell

♦ Entschuldigung, ich möchte … *(Geld abheben)*.
Wo kann ich das tun?

◊ Hier ist die Bank./Die Bank ist hier. Hier können Sie Geld abheben.
Dort ist die Bank./Die Bank ist dort. Dort können Sie Geld abheben.

♦ Danke *(schön/sehr)*.

◊ Bitte *(sehr)*.

Wo kann ich hier …? [B]

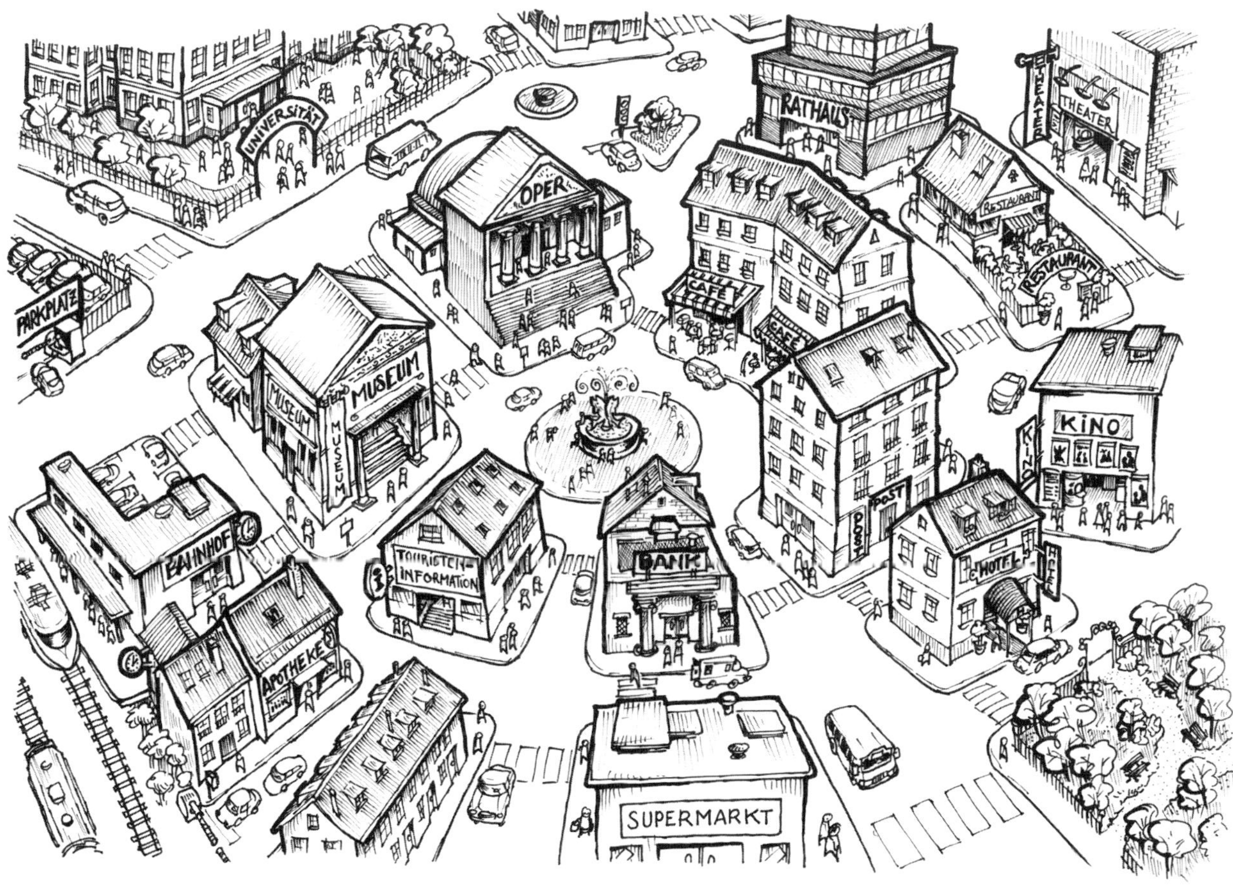

1. Das ist der Stadtplan einer Stadt. Das möchten Sie:

eine Oper sehen ♦ ein Theaterstück sehen ♦ eine Tasse Kaffee trinken ♦ Geld abheben ♦ Briefmarken kaufen ♦ einen Zug nehmen ♦ einkaufen

2. Führen Sie kurze Gespräche mit Ihrer Nachbarin/Ihrem Nachbarn.

Dialogmodell

♦ Entschuldigung, ich möchte … *(Geld abheben)*.
Wo kann ich das tun?

◊ Hier ist die Bank./Die Bank ist hier. Hier können Sie Geld abheben.
Dort ist die Bank./Die Bank ist dort. Dort können Sie Geld abheben.

♦ Danke *(schön/sehr)*.

◊ Bitte *(sehr)*.

Ein Besuch in Berlin

1. Welche **zwei Sehenswürdigkeiten** möchten Sie und Ihre Gesprächspartnerin/Ihr Gesprächspartner zusammen besuchen? Diskutieren und wählen Sie aus.

Jüdisches Museum

Der Museumsbau von Daniel Libeskind ist ein architektonisches Meisterwerk. Die Ausstellung präsentiert 2000 Jahre deutsch-jüdischer Geschichte mit Fotos, Alltags- und Kunstobjekten.

Öffnungszeiten
Montag: 10 bis 22 Uhr
Dienstag bis Sonntag: 10 bis 20 Uhr

Eintrittspreise
Erwachsene: 5 Euro
Ermäßigt: 2,50 Euro
Führungen in vielen Sprachen

Museum für Naturkunde

Die Sammlung enthält über 25 Millionen zoologische, paläontologische und mineralogische Objekte. Sie zeigt die Entwicklung des Lebens auf ca. 6000 qm Ausstellungsfläche.

Öffnungszeiten
Dienstag bis Freitag von 9.30 Uhr bis 17.00 Uhr
Samstag, Sonntag von 10.00 Uhr bis 18.00 Uhr
Montags geschlossen

Eintrittspreise
Erwachsene: 3,50 Euro
Ermäßigt: 2,50 Euro

Deutsche Guggenheim Berlin

Die Deutsche Guggenheim Berlin zeigt wichtige Ausstellungen von modernen Kunstwerken. Das Museum hat eine Galerie von 510 Quadratmetern. Man kann hier viele Kunstwerke bewundern.

Öffnungszeiten
Täglich von 11 bis 20 Uhr
Donnerstags bis 22 Uhr

Eintrittspreise
Erwachsene: 4 Euro
Ermäßigt: 3 Euro
Montags: Eintritt frei
Kostenlose Führung: täglich um 18 Uhr

Der Filmpark Babelsberg

Das Studio Babelsberg ist ein historisches, aber auch sehr modernes Filmstudio. Man kann hier Studio-Touren machen. Die Touren zeigen die wichtigen Stationen der deutschen Filmproduktion.

Öffnungszeiten
Täglich 10 bis 17 Uhr

Eintrittspreise
Erwachsene: 17 Euro
Ermäßigt: 15,50 Euro
Parkplatz: 3 Euro

Ermäßigt = Preis für Schüler, Studenten, Senioren und Soldaten

Redemittel

A: Ich möchte gern den/die/das … besuchen. Und du/Sie?

B: Ja, das ist eine gute Idee.
Ja, gern(e).
Ich auch.

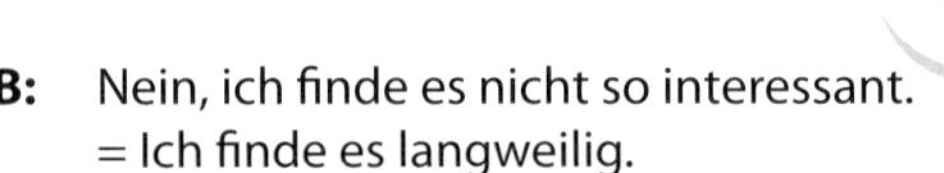

B: Nein, ich finde es nicht so interessant.
= Ich finde es langweilig.
Der Eintritt ist sehr/zu teuer.
Ich möchte lieber … besuchen/sehen.

2. Kaufen Sie die Eintrittskarten. Spielen Sie kleine Dialoge.

Das Wochenendprogramm

1. Was machen diese Menschen am Samstag?
   Diskutieren Sie in Kleingruppen über ein Bild oder mehrere Bilder und erstellen Sie ein Tagesprogramm.

Einige Ideen: spazieren gehen ♦ nach … fahren ♦ schreiben ♦ … reparieren ♦ … essen/trinken ♦ … sprechen ♦ … spielen ♦ … sehen ♦ … lernen ♦ … tanzen ♦ … besuchen

Wortschatzhilfe

von … Uhr bis … Uhr
um … Uhr
am Morgen/am Vormittag/am Nachmittag/am Abend

2. Und Sie? Was machen Sie am Wochenende? Und Ihre Nachbarin/Ihr Nachbar?
   Erzählen Sie.

Satzbautraining [A]

1. Kontrollieren Sie die Sätze Ihrer Nachbarin/Ihres Nachbarn.

(1) Am Montag mache ich einen Spaziergang und ich besuche das Deutsche Museum.

Montag → Wochenende

(2) Am Wochenende mache ich einen Spaziergang und ich besuche das Deutsche Museum.

ich → wir

(3) Am Wochenende machen wir einen Spaziergang und wir besuchen das Deutsche Museum.

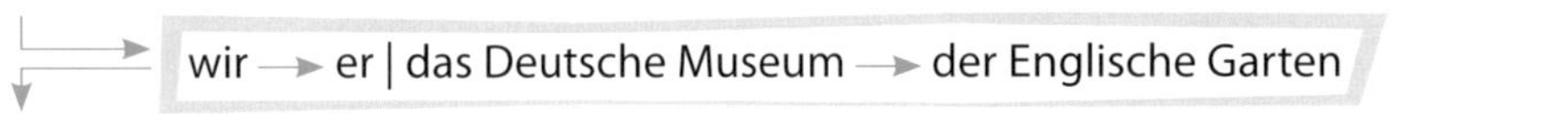
wir → er | das Deutsche Museum → der Englische Garten

(4) Am Wochenende macht er einen Spaziergang und er besucht den Englischen Garten.

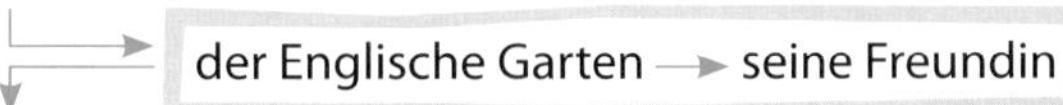
der Englische Garten → seine Freundin

(5) Am Wochenende macht er einen Spaziergang und er besucht seine Freundin.

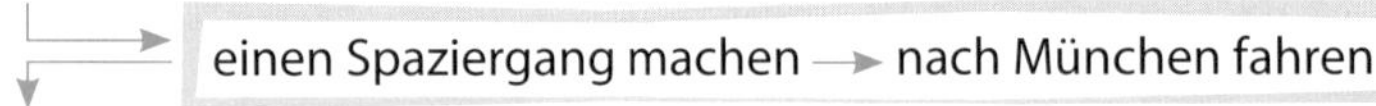
einen Spaziergang machen → nach München fahren

(6) Am Wochenende fährt er nach München und er besucht seine Freundin.

2. Bilden Sie Sätze. Verändern Sie immer nur die vorgegebenen Wörter.

(1) Wir treffen unsere Eltern morgen in Zürich und wir fahren zusammen nach Basel.

wir → du

(2) ....

. → ?

(3) ....

du → er | ? → .

(4) ....

Eltern → Bruder | treffen → besuchen

(5) ....

morgen → Montag

(6) ....

Satzbautraining [B]

1. Bilden Sie Sätze. Verändern Sie immer nur die vorgegebenen Wörter.

(1) Am Montag mache ich einen Spaziergang und ich besuche das Deutsche Museum.

Montag → Wochenende

(2) ....

ich → wir

(3) ....

wir → er | das Deutsche Museum → der Englische Garten

(4) ....

der Englische Garten → seine Freundin

(5) ....

einen Spaziergang machen → nach München fahren

(6) ....

2. Kontrollieren Sie die Sätze Ihrer Nachbarin/Ihres Nachbarn.

(1) Wir treffen unsere Eltern morgen in Zürich und wir fahren zusammen nach Basel.

wir → du

(2) Du triffst deine Eltern morgen in Zürich und ihr fahrt zusammen nach Basel.

. → ?

(3) Triffst du deine Eltern morgen in Zürich und fahrt ihr zusammen nach Basel?

du → er | ? → .

(4) Er trifft seine Eltern morgen in Zürich und sie fahren zusammen nach Basel.

Eltern → Bruder | treffen → besuchen

(5) Er besucht seinen Bruder morgen in Zürich und sie fahren zusammen nach Basel.

morgen → Montag

(6) Er besucht seinen Bruder am Montag in Zürich und sie fahren zusammen nach Basel.

Grammatik- und Wortschatztraining

1. Ergänzen Sie die Tabellen zum Nominativ und zum Akkusativ.
   Schauen Sie eventuell in Ihr Kursbuch auf Seite 65.

	maskulin	feminin	neutrum	Plural
Nominativ	*der* Vater	.... Mutter	.... Kind	.... Freunde
Akkusativ	.... Vater	.... Mutter	.... Kind	.... Freunde

	maskulin	feminin	neutrum	Plural
Nominativ	*der* *alte* Fernseher	.... kaputt...... Lampe	.... modern...... Radio	.... klein...... Zimmer
Akkusativ	.... alt...... Fernseher	.... kaputt...... Lampe	.... modern...... Radio	.... klein...... Zimmer

2. Sammeln Sie Wörter. Achten Sie auf den Kasus.
   1. Das ist praktisch: *ein (bequemer) Stuhl, eine (moderne) Lampe,* ....
      ....
   2. Das brauche ich in einem Hotelzimmer: *einen (neuen) Fernseher,* ....
      ....
   3. Das kostet nicht viel Geld: ....
      ....
   4. Das kann man in einem Büro sehen: ....
      ....
   5. Diese Gebäude gibt es in meiner Stadt: ....
      ....
   6. Das sind Abteilungen einer Universität: ....
      ....

Wiederholungstest

1. Wo können Sie das tun? Ergänzen Sie das fehlende Wort mit Artikel.
   1. Hier kann man eine Aspirintablette kaufen: *die Apotheke*
   2. Hier kann ich Briefmarken kaufen: ....
   3. Hier können wir Geld abheben: ....
   4. Hier kann man studieren: ....
   5. Hier kann Frau Schmidt übernachten: ....
   6. Hier können Sie Lebensmittel kaufen: ....

.... /5 Punkte

2. Ergänzen Sie das Verb in der richtigen Form.
   1. Das Hotel *hat* ein teures Restaurant. *(haben)*
   2. .... Sie unbedingt einen Internetanschluss? *(brauchen)*
   3. Am Mittwoch .... wir den Japanischen Garten besuchen. *(möchten)*
   4. .... du das alte Haus dort? *(sehen)*
   5. Am Morgen .... ich immer die Zeitung. *(lesen)*
   6. Wann .... ihr nach Irland? *(fahren)*

.... /5 Punkte

3. Was brauchen diese Leute? Achten Sie auf den Artikel.

1

Lisa möchte schreiben. Sie braucht *einen Kugelschreiber.*

2

Carla möchte einen Film sehen. Sie braucht ....

3

Konrad möchte nach Ulm fahren. Er braucht ....

4

Frau Quetsch möchte lesen. Sie braucht ....

5

Paul möchte Musik hören. Er braucht ....

6

Herr Schreiner möchte telefonieren. Er braucht ....

.... /5 Punkte

4. Schreiben Sie den Artikel und das Adjektiv in der richtigen Form.
   1. Morgen Nachmittag besuche ich *das* Historisch*e* Museum.
   2. Das Hotel hat ein...... griechisch...... Spezialitätenrestaurant.
   3. Am Montag kaufen wir ein...... neu...... Bett.
   4. Heute Abend möchte ich ein...... schön...... Theaterstück sehen.
   5. Mein...... alt...... Uhr ist kaputt.
   6. Frau Lorenz, haben Sie auch ein...... groß...... Büro?

.... /5 Punkte

5. Hier ist die Antwort. Wie heißt die Frage?

1. *Was kostet ein Einzelzimmer?*	43 Euro für eine Nacht.
2. ....?	Nein, sie ist nicht kaputt.
3. ....?	Von Dienstag bis Sonntag von 10 Uhr bis 19 Uhr.
4. ....?	Nein, ich zahle mit Kreditkarte.
5. ....?	Sybelstraße 42, Marburg.
6. ....?	Nein, ich spiele lieber Klavier.

.... /10 Punkte

6. Schreiben Sie das Gegenteil.
   1. E-Mails schreiben ↔ E-Mails *lesen*
   2. die Tür öffnen ↔ die Tür ....
   3. nach München fahren ↔ aus München ....
   4. einen Sandwich essen ↔ einen Kaffee ....
   5. Mathematik studieren ↔ als Mathematiklehrer ....
   6. der Computer ist kaputt ↔ der Computer ....

.... /5 Punkte

7. Ergänzen Sie das Formular.

Anmeldeformular
Hotel Malta

Zimmer-Nr. 405
Anzahl Personen 1

Anreisetag 17.05.20.....
Abreisetag 19.05.20.....

Herr/Frau	Name	Vorname
Geburtsdatum	Postleitzahl, Wohnort	Straße, Hausnummer
Telefon/Handy		Beruf
Datum		Unterschrift

.... /10 Punkte

Insgesamt: .... /45 Punkte

Prüfungsvorbereitung „Start Deutsch"

1. Sie lesen diese kurzen Mitteilungen.
   Sie müssen entscheiden: Steht das im Text? Ist der Satz richtig oder falsch?

		richtig	falsch
1.	Das Café schließt am Samstag um sieben Uhr.	❐	❐
2.	In der Museumsnacht kosten die Eintrittskarten nichts.	❐	❐
3.	Heute Abend kann man im Hotel auch brasilianische Musik hören.	❐	❐

Liebe Museumsbesucher!
Unser Museumscafé hat neue Öffnungszeiten! Am Wochenende ist das Café von 10 bis 19 Uhr geöffnet.

Wiener Museumsnacht
Alle Museen haben die ganze Nacht geöffnet! Eintritt: gratis!
Mehr Information finden Sie hier:
www.wiener_museen.at

Liebe Gäste!
Heute ab 21 Uhr in unserer Hotelbar: Fiesta mit Spezialitäten und Live-Musik aus Südamerika!
Besuchen Sie uns!

2. Sie brauchen bestimmte Informationen. Welche Internet-Adresse suchen Sie auf?

(1) Sie und Ihre Partnerin/Ihr Partner fahren am Freitag nach Bonn.
Sie bleiben zwei Tage und suchen nach einem günstigen Hotelangebot.

a)
www.hotels.com
Startseite Bonn
Hotels sortieren nach:
- Preis
- Lage
- Qualität

b)
www.hotelkrone.de
Herzlich willkommen im Hotel Krone.
Unser Angebot:
- Virtueller Hotelrundgang
- Preisliste
- Zur Zimmerbuchung

(2) Sie suchen ein Fitness-Studio in München, aber Sie haben nur abends Zeit.

a)
www.fitness.com
Fitness für Jung und Alt
Qualifizierte Sportlehrer
Super-Preise, Studio mit Pool!
Täglich von 14 bis 22 Uhr geöffnet
Rufen Sie an: (0173) 83 56 21

b)
www.fit-bleiben.com
Möchten Sie fit bleiben?
Bei uns sind Sie richtig! Unser Angebot:
Bodybuilding, Aerobic, Massage
Öffnungszeiten: 6.00 Uhr bis 18.30 Uhr
Mo. geschlossen
Tel.: (072) 3 32 45 62

Frühstück im Hotel

1. Ergänzen Sie den Text.

Norbert: Guten Morgen, Peter. Wie ....'s?

Peter: Guten Morgen. Danke, gut. Ich .... jetzt richtigen Hunger.

Norbert: Ich auch. Was .... du zum Frühstück? Hm, was für ein tolles Büfett! Wo .... die Teller?

Peter: Dort. Da .... auch das Besteck.

Norbert: Ach ja, ich .... es. Ich .... erst mal nur Joghurt mit Früchten.

Peter: Nur Joghurt mit Früchten! Also, ich .... zwei Brötchen mit Käse und Schinken, ein gekochtes Ei und vielleicht noch zwei Scheiben Lachs.

Kellnerin: Was .... Sie trinken?

Peter: Eine Tasse Kaffee bitte.

Norbert: Und ich .... bitte einen Tee, einen Kräutertee.

Peter: Kräutertee und Joghurt mit Früchten. Du .... wirklich gesund!

2. In welche Gruppe gehört das Verb? Ordnen Sie zu.

Verben ohne Vokalwechsel: *gehen*, ...

Verben mit Vokalwechsel: *essen*, ...

besondere Verben: *haben*, ...

3. Konjugieren Sie die Verben.

Maß- und Mengenangaben

Karte A	Karte B	Karte A	Karte B
2 Liter	Traubensaft	3 Tafeln	Schokolade
Karte A	Karte B	Karte A	Karte B
4 Packungen	Zigaretten	2 Tassen	Espresso
Karte A	Karte B	Karte A	Karte B
2 Becher	saure Sahne	3 Tuben	Tomatenmark
Karte A	Karte B	Karte A	Karte B
5 Scheiben	Vollkornbrot	1 Bund	Schnittlauch

Arbeitsblatt 3

Mögen Sie …?/Magst du …?

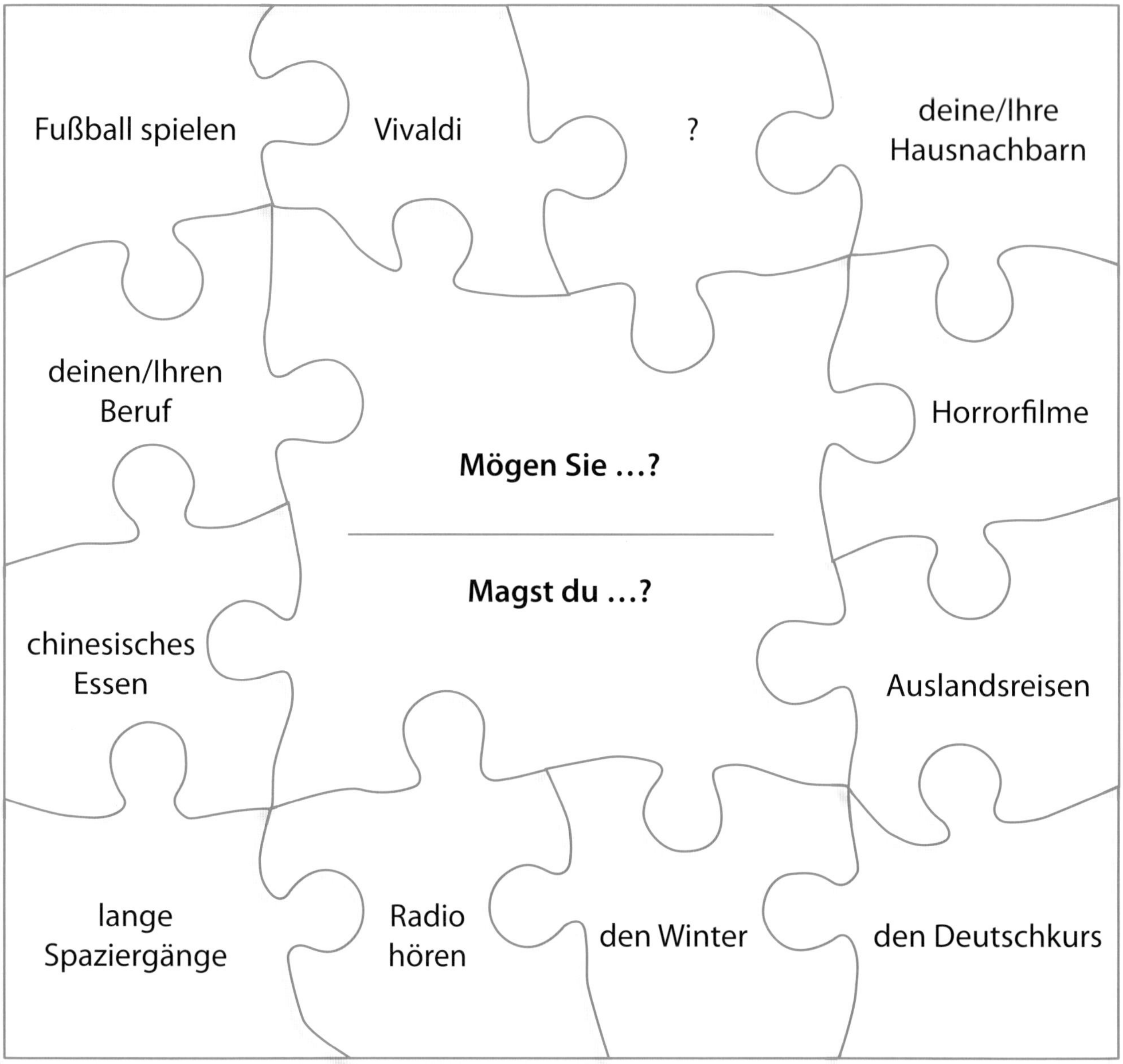

Fußball spielen

Vivaldi

?

deine/Ihre Hausnachbarn

deinen/Ihren Beruf

Mögen Sie …?

Magst du …?

Horrorfilme

chinesisches Essen

Auslandsreisen

lange Spaziergänge

Radio hören

den Winter

den Deutschkurs

Redemittel

A: Magst du/Mögen Sie Horrorfilme?

B: Ja, Horrorfilme mag ich sehr.
Ja, ich mag sie sehr.
Ja, natürlich!/Ja, klar.

B: Nein, ich mag sie nicht (so gern).
Nein, ich mag sie (gar) nicht.
Nein, leider nicht.

B: Und du/Sie?

A: Ich auch. ←→ Ich aber nicht.

A: Ich auch nicht. ←→ Ich schon.

Im Lebensmittelgeschäft [A]

1. Ihre Einkaufsliste:

grüne Oliven • 2 kg Tomaten • 1 kg Brot • 1 Pfund Butter oder Margarine

2. Ihre Nachbarin/Ihr Nachbar spielt die Verkäuferin/den Verkäufer.
   Fragen Sie sie/ihn und notieren Sie den Preis und die Besonderheiten der Produkte.

1

Tomaten (1)

Preis: ....
Zusatzinformation:
deutsche Biotomaten

2

Tomaten (2)

Preis: ....
Zusatzinformation:
....

3

Brot (1)

Preis: ....
Zusatzinformation:
frisches Weißbrot

4

Brot (2)

Preis: *1,25 Euro*
Zusatzinformation:
....

5

Margarine

Preis: ....
Zusatzinformation:
....

6

Butter

Preis: *2,00 Euro/Pfund*
Zusatzinformation:
....

7

Oliven (1)

Preis: ....
Zusatzinformation:
frische griechische Oliven

8

Oliven (2)

Preis: ....
Zusatzinformation:
....

Dialogmodell

- ♦ Guten Tag, ich brauche/hätte gern/möchte … *(Tomaten).*
- ◊ Wir haben … *(deutsche Biotomaten)* und … *(spanische Tomaten).*
- ♦ Was kosten die Tomaten?
- ◊ Die deutschen Biotomaten kosten 1,45 Euro pro Kilo, die spanischen Tomaten kosten 1,20 Euro pro Kilo.
- ♦ Vielen Dank.
- ◊ Bitte sehr.

3. Was kaufen Sie? Wählen Sie aus und spielen Sie den Dialog.

Im Lebensmittelgeschäft [B]

1. Sie sind Verkäufer.
   Beantworten Sie die Fragen der Kundin/des Kunden.

1

Preis: 1 kg, 1,45 Euro

deutsche Biotomaten

2

Preis: 1 kg, 1,20 Euro

spanische Tomaten

3

Preis: 1 kg, 0,99 Euro

frisches Weißbrot

4

Preis: 1 kg, 1,25 Euro

Schwarzbrot, deutsches Produkt

5

Preis: 1 Pfund, 1,00 Euro

cholesterinfreie Margarine

6

Preis: 1 Pfund, 2,00 Euro (Sonderangebot)

deutsche Butter

7

Preis: 1 kg, 2,58 Euro

frische griechische Oliven

8

Preis: 1 kg, 1,51 Euro

spanische Oliven (in Dose)

2. Ihre Nachbarin/Ihr Nachbar kauft ein. Spielen Sie den Dialog.

Was kostet das?

1. Wie heißen diese Früchte? Schreiben Sie auch den Plural.

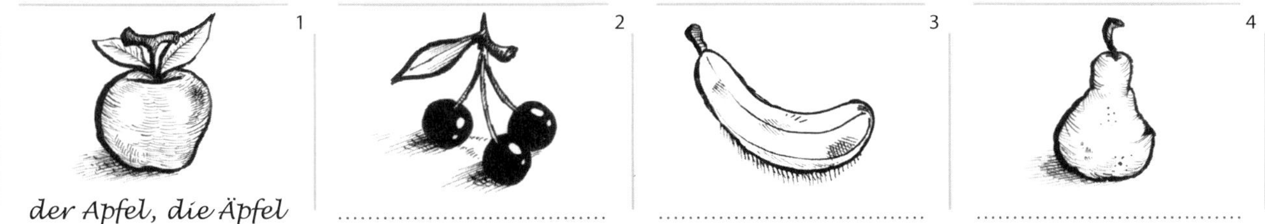

2. Was kosten die Früchte? Diskutieren Sie und schreiben Sie Sätze.

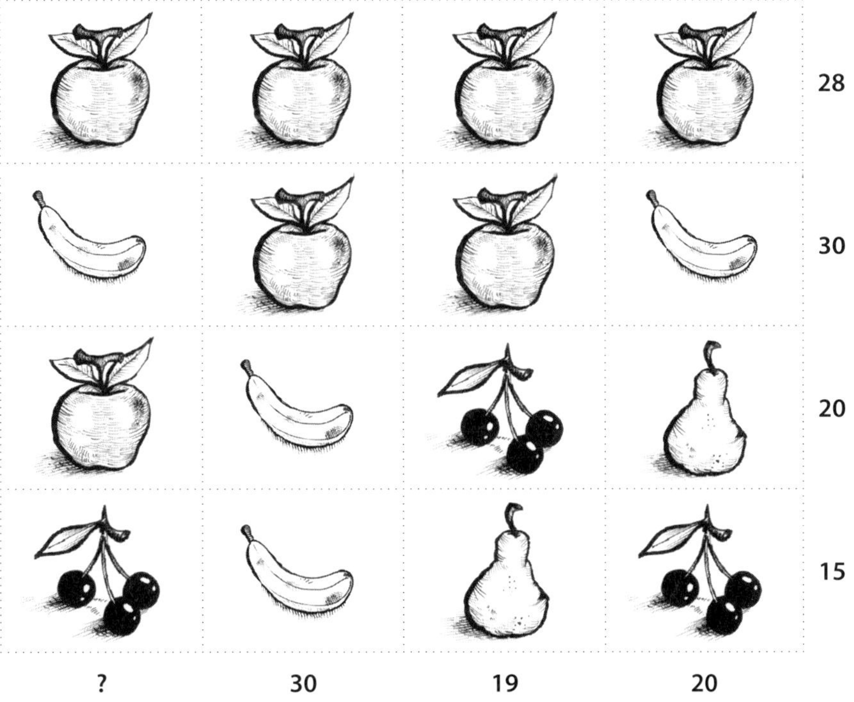

Vier Äpfel kosten *achtundzwanzig* Cent. Ein Apfel kostet also .... Cent.

Zwei Äpfel und zwei .... kosten .... Cent.

Eine .... kostet also .... Cent.

Redemittel

A: Ein(e) … kostet (vielleicht) … Cent. Was meinst du/meinen Sie?

B: Ich glaube auch.
Ja, das kann sein.
Ja, du hast/Sie haben recht.
Ja, das stimmt.

B: Ich glaube nicht.
Das kann nicht sein.
Das ist falsch.
Das stimmt nicht. Ein Apfel kann nicht … kosten.
Das ist zu viel/zu wenig.

2. Kaufen Sie fünf Birnen, zwei Äpfel und vier Bananen. Spielen Sie den Dialog.

Salatrezepte [A]

1. Wie macht man einen Sauerkrautsalat? Ihre Nachbarin/Ihr Nachbar hat das Rezept. Hören Sie gut zu und machen Sie Notizen.

Zutaten:

.... Sauerkraut	.... Äpfel	.... Essiggurken
.... Zwiebel	.... Esslöffel Zitronensaft	.... Teelöffel Honig
.... Esslöffel Öl	.... Teelöffel Kümmel	

Zubereitung:

Sie hören: Schneiden Sie das Sauerkraut in große Stücke.

Sie schreiben:

Man schneidet das Sauerkraut in große Stücke. Dann ....

....

....

....

....

....

2. Wie macht man einen Karottensalat? Erklären Sie es Ihrer Nachbarin/Ihrem Nachbarn.

Zutaten (für 4 Personen):

¾ kg frische Karotten
1 Zwiebel
1 Bund Schnittlauch
3 Esslöffel Essig
2 Esslöffel Öl
2 Esslöffel Mineralwasser
1 Prise Zucker
Salz und Pfeffer

Zubereitung:

Sie lesen: Die Karotten waschen …

Sie sagen: Waschen Sie die Karotten …

1. Die Karotten waschen und ca. 20 Minuten kochen.
2. Die Karotten in dünne Scheiben schneiden.
3. Die Zwiebel schälen und in kleine Würfel schneiden.
4. Den Schnittlauch waschen und sehr klein schneiden.
5. Essig, Öl, Mineralwasser und Zucker verrühren.
6. Den Karottensalat mit Salz und Pfeffer abschmecken.

3. Kennen Sie auch ein einfaches Salatrezept? Erzählen Sie.

Salatrezepte [B]

1. Wie macht man einen Sauerkrautsalat? Erklären Sie es Ihrer Nachbarin/Ihrem Nachbarn.

Zutaten (für 4 Personen):
350 g Sauerkraut
2 Äpfel
3 Essiggurken
1 Zwiebel
2 Esslöffel Zitronensaft
1 Teelöffel Honig
2 Esslöffel Öl
½ Teelöffel Kümmel

Zubereitung:
Sie lesen: Das Sauerkraut in große Stücke schneiden.
Sie sagen: *Schneiden Sie das Sauerkraut in große Stücke.*

1. Das Sauerkraut in große Stücke schneiden.
2. Die Äpfel, die Zwiebel und die Gurken schälen und in kleine Würfel schneiden.
3. In einer Schüssel Zwiebel, Öl und Zitronensaft mit dem Honig gut verrühren.
4. Äpfel- und Gurkenstücke, Sauerkraut und Kümmel einrühren und gut vermengen.
5. Den Sauerkrautsalat noch 30 Minuten in den Kühlschrank stellen.

2. Wie macht man einen Karottensalat? Ihre Nachbarin/Ihr Nachbar hat das Rezept. Hören Sie gut zu und machen Sie Notizen.

Zutaten:
.... frische Karotten .... Zwiebel .... Bund Schnittlauch
.... Esslöffel Essig .... Esslöffel Öl .... Esslöffel Mineralwasser
.... Prise Zucker, Salz und Pfeffer

Zubereitung:
Sie hören: Waschen Sie die Karotten.
Sie schreiben:

Man wäscht die Karotten. Dann ....
....
....
....
....
....

3. Kennen Sie auch ein einfaches Salatrezept? Erzählen Sie.

Essen und Trinken in Deutschland

1. Rekonstruieren Sie den Text.
   Was meinen Sie: Welches Wort passt? Diskutieren Sie mit Ihrer Nachbarin/Ihrem Nachbarn.

Brötchen ♦ Fleisch ♦ Käse ♦ Apfelwein ♦ Marmelade ♦ Kaffee ♦ Bier ♦ Wasser ♦ Wurst

In Deutschland isst man dreimal am Tag. Zum Frühstück gibt es normalerweise .... oder Brot mit .... oder Käse und eine Tasse Kaffee. Die Hauptmahlzeit ist das Mittagessen zwischen 12.00 Uhr und 14.00 Uhr. Das Mittagessen besteht in der Regel aus ...., Gemüse und Kartoffeln. Viele Betriebe haben eine Kantine. Dort essen die Mitarbeiter mittags warm. In vielen Kantinen kann man auch vegetarische Gerichte bekommen. Zum Abendbrot isst man in Deutschland traditionell nur eine Scheibe Brot mit .... oder .... Doch viele junge Menschen bevorzugen auch abends Fisch, Fleisch, Spaghetti, Pizza oder einen Hamburger. Als Getränk ist .... sehr beliebt. Außerdem mögen die Deutschen .... und Wein. Man kann Wein auch mit .... mischen und als „Weinschorle" trinken. Ein besonderes Getränk in den Bundesländern Hessen, Rheinland-Pfalz und Saarland ist der .... Bei den Erfrischungsgetränken liegt das Mineralwasser an der Spitze.

Redemittel

A: Was, glauben Sie/glaubst du, isst/trinkt man in Deutschland zum … *(Frühstück)*?

 **B:** Ich weiß, in Deutschland isst/trinkt man … zum Frühstück.	**B:** Ich weiß es leider nicht./Ich habe keine Ahnung.
A: Ja, vielleicht./Ja, das stimmt. oder: Sind Sie/Bist du sicher?	**A:** Kein Problem./Macht nichts. oder: Ich weiß es auch nicht.
B: Ja, ich bin (ganz) sicher.	

2. Vergleichen Sie Ihre Antworten mit dem Text in A 23.

Im Restaurant

1. Spielen Sie diesen Dialog.

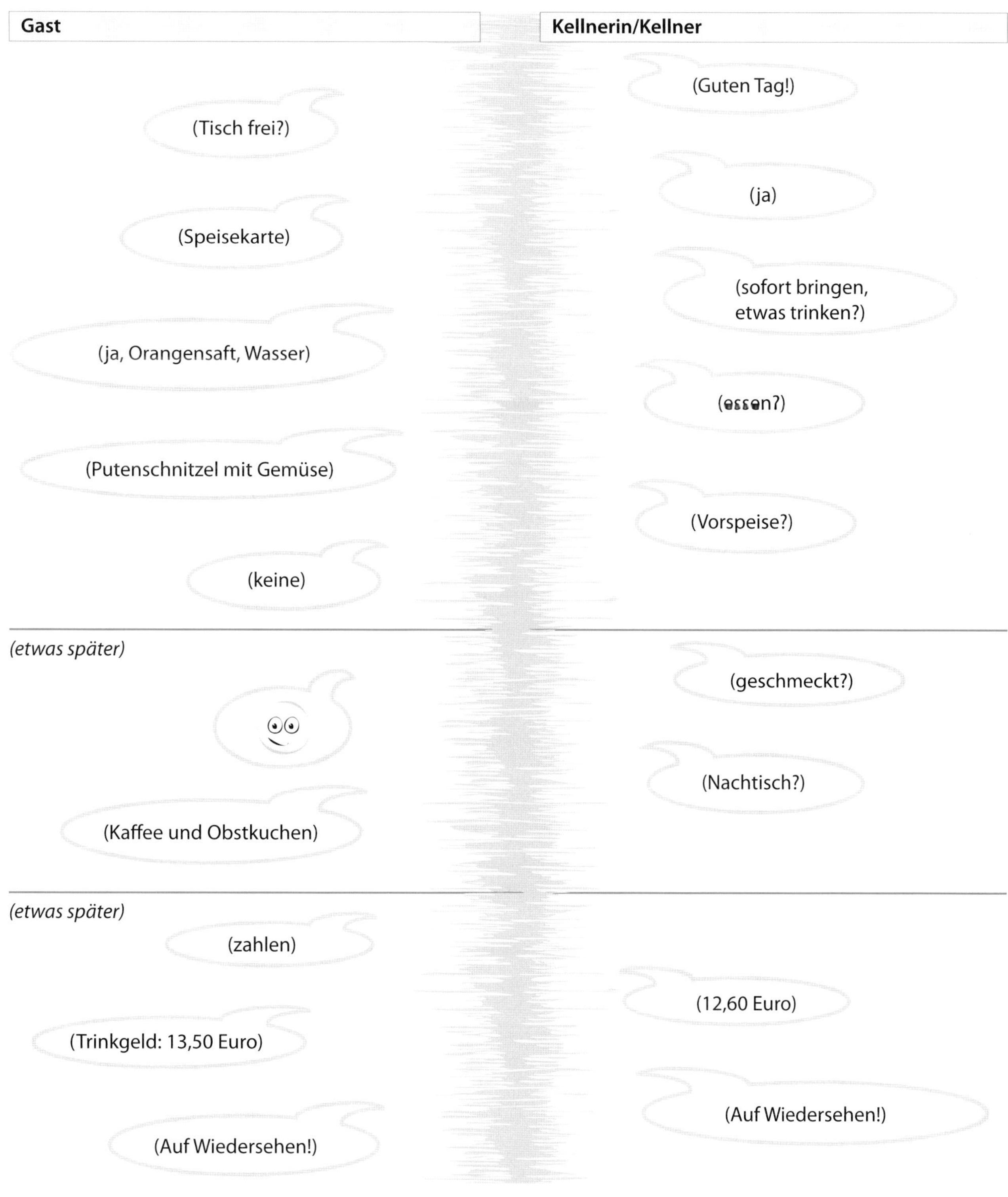

2. Wählen Sie eine Situation und spielen Sie einen kurzen Dialog zwischen Gast und Kellner:

   a) in einem Café
   b) in einem vegetarischen Restaurant
   c) in der Kino-Cafeteria

Satzbautraining [A]

1. Kontrollieren Sie die Sätze Ihrer Nachbarin/Ihres Nachbarn.

(1) Ich bestelle eine Gemüsesuppe und ein Glas Mineralwasser.

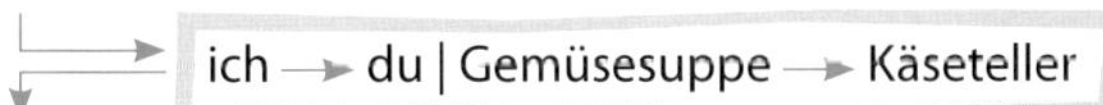

(2) Du bestellst einen Käseteller und ein Glas Mineralwasser.

du → Sie | ein Glas → eine Flasche

(3) Sie bestellen einen Käseteller und eine Flasche Mineralwasser.

(4) Bestellen Sie einen Käseteller und eine Flasche Mineralwasser!

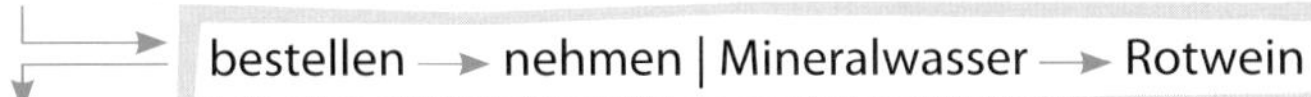

(5) Nehmen Sie einen Käseteller und eine Flasche Rotwein!

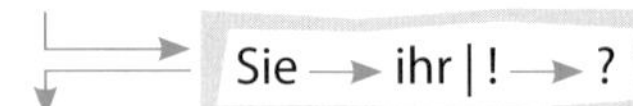

(6) Nehmt ihr einen Käseteller und eine Flasche Rotwein?

2. Bilden Sie Sätze. Verändern Sie immer nur die vorgegebenen Wörter.

(1) Ich esse gern chinesische Spezialitäten.

ich → meine Freundin

(2) ....

chinesisch → italienisch

(3) ....

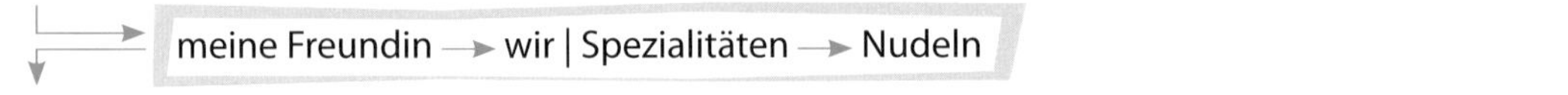

(4) ....

wir → ihr | . → ?

(5) ....

ihr → Sie

(6) ....

Satzbautraining [B]

1. Bilden Sie Sätze. Verändern Sie immer nur die vorgegebenen Wörter.

(1) Ich bestelle eine Gemüsesuppe und ein Glas Mineralwasser.

ich → du | Gemüsesuppe → Käseteller

(2) ....

du → Sie | ein Glas → eine Flasche

(3) ....

. → !

(4) ....

bestellen → nehmen | Mineralwasser → Rotwein

(5) ....

Sie → ihr | ! → ?

(6) ....

2. Kontrollieren Sie die Sätze Ihrer Nachbarin/Ihres Nachbarn.

(1) Ich esse gern chinesische Spezialitäten.

ich → meine Freundin

(2) Meine Freundin isst gern chinesische Spezialitäten.

chinesisch → italienisch

(3) Meine Freundin isst gern italienische Spezialitäten.

meine Freundin → wir | Spezialitäten → Nudeln

(4) Wir essen gern italienische Nudeln.

wir → ihr | . → ?

(5) Esst ihr gern italienische Nudeln?

ihr → Sie

(6) Essen Sie gern italienische Nudeln?

Grammatik- und Wortschatztraining

1. Ergänzen Sie die Konjugation im Präsens. Achten Sie auf die Unregelmäßigkeiten.

	kochen	trinken	essen	nehmen
ich	*koche*	....	....	....
du	....	....	.... !	.... !
er/sie/es/man	....	....	.... !	.... !
wir	....	....	....	....
ihr	....	....	....	....
sie/Sie	....	....	....	....

	möchte(n)	kaufen	bestellen	mögen
ich	....	....	....	.... !
du	....	....	....	.... !
er/sie/es/man	.... !	....	....	.... !
wir	....	....	....	....
ihr	....	....	....	....
sie/Sie	....	....	....	....

2. Sammeln Sie Wörter mit den vorgegebenen Buchstaben.

Das kann man essen oder trinken:

a) **T-** *Tomate*, ...

....

b) **A-** ....

....

c) **K-** ....

....

d) **S-** ....

....

e) **B-** ....

....

f) **Joker** *Hier ist der erste Buchstabe nicht wichtig.*

....

....

....

....

....

Wiederholungstest

1. Wie heißt das? Schreiben Sie auch den Artikel und den Plural.

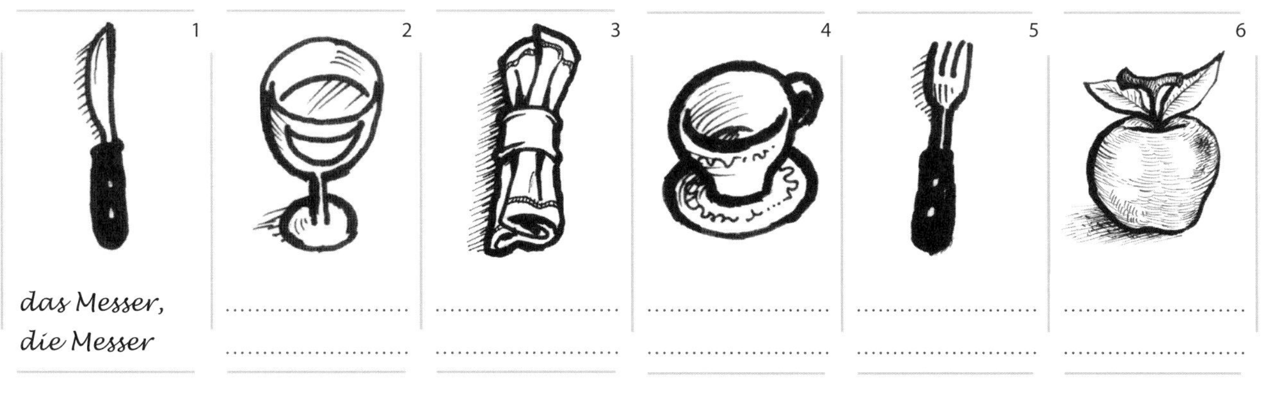

.... /10 Punkte

2. Schreiben Sie das Gegenteil.

1. hartes Brot ↔ *weiches* Brot
2. trockener Wein ↔ .... Wein
3. saure Birnen ↔ .... Birnen
4. kleines Stück Kuchen ↔ .... Stück Kuchen
5. kaltes Wasser ↔ .... Wasser
6. preiswertes Restaurant ↔ .... Restaurant

.... /5 Punkte

3. Ergänzen Sie die Endungen.

1. In Rom gibt es ein...... ausgezeichnetes Fisch-Restaurant.
2. Ich hätte gern ein...... Tomatensuppe und d...... Schnitzel mit Pommes frites.
3. Ich möchte bitte ein...... anderen Teller. Dieser hier ist schmutzig.
4. D...... Apfelkuchen und d...... Obstsalat finde ich ausgezeichnet.
5. Ich nehme ein...... gekochtes Ei.
6. Essen Sie viel frisch...... Fisch und trinken Sie kein...... Alkohol!
7. Ich nehme ein...... Scheibe Lachs und ein...... Brötchen.

.... /5 Punkte

4. Im Geschäft. Ergänzen Sie die Verben in der richtigen Form.

   1. Grüß Gott. Sie *wünschen*? *(wünschen)*
   2. Guten Tag. Ich .... *(möchten)* 200 Gramm rohen Schinken, eine Packung Linsen und zwei Tüten Zucker. Was .... *(kosten)* die Salami hier?
   3. 2,55 Euro pro 100 Gramm. Aber sie .... *(sein)* sehr scharf.
   4. Nein, dann .... *(nehmen)* ich sie nicht, danke. Meine Frau .... *(mögen)* keine scharfe Salami.
   5. Viele Leute .... *(essen)* scharfe Speisen nicht so gern. .... *(sein)* das jetzt alles? Dann .... *(bekommen)* ich 7,22 Euro.

.... /8 Punkte

5. Welche Reaktion passt?

   1. Guten Appetit!
      a) ❐ Danke, auch. b) ❐ Danke, sehr schön. c) ✗ Danke gleichfalls.
   2. Schmeckt der Fisch?
      a) ❐ Ich finde ihn ungenießbar. b) ❐ Ich nehme lieber das Rindfleisch. c) ❐ Ja, er ist billig.
   3. Möchten Sie schon etwas trinken?
      a) ❐ Nein, danke. b) ❐ Ja, ich möchte eine Käseplatte. c) ❐ Nein, ich habe keinen Hunger.
   4. Haben Sie das Geld passend?
      a) ❐ Nein, ich zahle mit Kreditkarte. b) ❐ Ja, bitte. c) ❐ Ja, das kostet 20 Euro.
   5. Isst du gern Pizza?
      a) ❐ Ja, ich möchte ein Stück. b) ❐ Nein, ich mag keine Pizza. c) ❐ Sie schmeckt sehr gut.
   6. Was nimmst du zum Frühstück?
      a) ❐ Nur einen Kräutertee. b) ❐ Eine Tüte Zucker. c) ❐ Das Glas dort.

.... /5 Punkte

6. Notieren Sie jeweils drei Wörter mit Artikel.

   1. Das kann man trinken: ....
   2. Das sind Früchte: ....
   3. Das sind Milchprodukte: ....
   4. Das sind Gemüsearten: ....

.... /12 Punkte

Insgesamt: .... /45 Punkte

Prüfungsvorbereitung „Start Deutsch“

Essen und Trinken

Essen und Trinken

Essen und Trinken

Essen und Trinken

Essen und Trinken

Essen und Trinken

Essen und Trinken

Essen und Trinken

Essen und Trinken

Essen und Trinken

Essen und Trinken

Essen und Trinken

Martins Tag

Martins Tag 1 	**Martins Tag 2** 	**Martins Tag 3** 
Martins Tag 4 	**Martins Tag 5** 	**Martins Tag 6** 
Martins Tag 7 	**Martins Tag 8** 	**Martins Tag 9** 

Wie spät ist es?

1. Wie spät ist es? Zeichnen Sie die Zeiger.

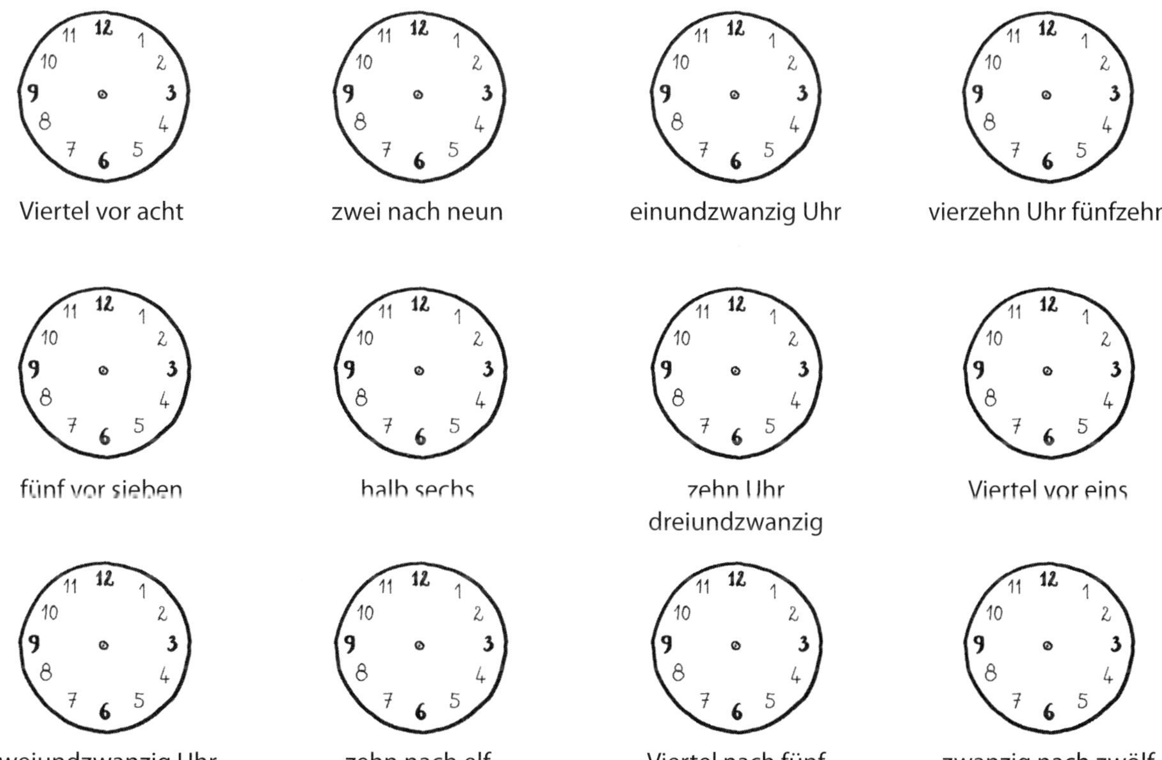

2. Wie spät ist es hier? Schreiben Sie die Uhrzeit mit Buchstaben.

Arbeitsblatt 3a

Welche Antwort passt? [A]

1. Stellen Sie Ihrer Nachbarin/Ihrem Nachbarn folgende Fragen und notieren Sie sich ihre/seine Antwort.

Frage	Antwort
1. Wie war Ihr Tag?	....
2. Soll ich einkaufen?	....
3. Was hast du gestern gemacht?	....
4. Hast du den Chef gesehen?	....
5. Was musst du heute tun?	....

2. Ihre Nachbarin/Ihr Nachbar stellt Ihnen einige Fragen.
Hören Sie zu und wählen Sie die passende Antwort. Schreiben Sie dann die Frage.

Frage	Antwort
1.	a) In Deutschland. b) Am Donnerstag.
2.	a) Ich weiß nicht. b) Sie ist in Hamburg.
3.	a) Ja, in der Kantine. b) Nein, ich habe keine Zeit.
4.	a) Nein, ich bin verheiratet. b) Danke, aber ich trinke keinen Kaffee.
5.	a) Ich war im Büro. b) Ja, ich war zu Hause.

Welche Antwort passt? [B]

1. Ihre Nachbarin/Ihr Nachbar stellt Ihnen einige Fragen.
   Hören Sie zu und wählen Sie die passende Antwort. Schreiben Sie dann die Frage.

Frage	Antwort
1.	a) Er war gut, danke. b) Ja. Und wie war Ihr Tag?
2.	a) Nein, das brauchst du nicht. b) Nein, ich habe nicht eingekauft.
3.	a) Ich habe viel gearbeitet. b) Ich muss viele E-Mails beantworten.
4.	a) Nein, ich bin Französin. b) Nein, noch nicht.
5.	a) Ich möchte jetzt nach Hause gehen. b) Ich muss noch Herrn Mai anrufen.

2. Stellen Sie Ihrer Nachbarin/Ihrem Nachbarn folgende Fragen und notieren Sie ihre/seine Antwort.

Frage	Antwort
1. Wann hat der Deutschkurs angefangen?	....
2. Wo habt ihr diese Lampe gekauft?	....
3. Hast du schon gegessen?	....
4. Soll Martha dir einen Kaffee kochen?	....
5. Wo warst du gestern Abend?	....

Feuersteins Tag

1. Spielen Sie den Dialog zwischen Herrn und Frau Feuerstein.

   Alles ist schiefgegangen:
   - E-Mails gelesen
   - niemand im Büro
   - zum Flughafen gefahren
   - nicht pünktlich angekommen
   - kein Benzin mehr, zu einer Tankstelle gelaufen
   - Gäste nicht mehr da
   - zurückgefahren, Gäste schon im Büro
   - Besprechung angefangen (14 Uhr)
   - nichts gegessen

2. Erzählen Sie die Geschichte aus der Perspektive der italienischen Gäste.

sehr müde angekommen ♦ 30 Minuten auf dem Flughafen gewartet ♦ niemand gekommen ♦ mit dem Taxi zum Büro gefahren ♦ niemand da ♦ essen gegangen: leckere Fischsuppe gegessen und ein Glas Wein getrunken ♦ zum Büro zurückgefahren ♦ Herr Feuerstein angekommen, er war nervös! ♦ Besprechung gut gegangen ♦ gutes Geschäft mit den Deutschen gemacht

3. Und wenn das Gegenteil passiert ist? Erzählen Sie.

   Alles ist sehr gut gegangen:
   - E-Mails gelesen
   - .... im Büro
   - zum Flughafen gefahren
   - .... angekommen
   - Gäste ....
   - im italienischen Restaurant gegessen
   - Besprechung angefangen (14 Uhr)
   - gutes Geschäft gemacht!

4. Was, glauben Sie, hat Frau Feuerstein den ganzen Tag gemacht?

   Herr Feuerstein: *Und wie war dein Tag, Martha?*
   Frau Feuerstein: *Also, ich bin um halb neun aufgestanden ...*

Wer hat gestern …?

Karte 1 Wer hat gestern die Zeitung gelesen?	**Karte 2** Wer hat gestern Morgen nicht gefrühstückt?	**Karte 3** Wer hat gestern Sport getrieben?	**Karte 4** Wer ist gestern mit dem Fahrrad zur Arbeit gefahren?
Karte 5 Wer hat gestern mehr als fünf E-Mails geschrieben?	**Karte 6** Wer war gestern den ganzen Tag zu Hause?	**Karte 7** Wer hat gestern hart gearbeitet?	**Karte 8** Wer hat gestern keinen Kaffee getrunken?
Karte 9 Wer ist gestern Morgen vor sieben Uhr aufgestanden?	**Karte 10** Wer hat gestern keine Süßigkeit gegessen?	**Karte 11** Wer hat gestern ferngesehen?	**Karte 12** Wer hat gestern ein Instrument gespielt?
Karte 13 Wer hat gestern Obst gekauft?	**Karte 14** Wer hat gestern Deutsch gesprochen?	**Karte 15** Wer hat gestern etwas gekocht?	**Karte 16** Wer hat gestern einen Termin vereinbart?

Können Sie das?

1. Kann Ihre Nachbarin/Ihr Nachbar das? Kreuzen Sie an.

Meine Nachbarin/Mein Nachbar kann …

	ja	nein
1. einen Drucker installieren	❒	❒
2. eine E-Mail in einer Fremdsprache lesen	❒	❒
3. eine E-Mail in einer Fremdsprache beantworten	❒	❒
4. Excel benutzen	❒	❒
5. einen Zeitungsartikel aus dem Internet ausdrucken	❒	❒

Redemittel

A: Kannst du …/Können Sie … *(einen Drucker installieren)*?

B: Ja, natürlich kann ich …
(einen Drucker installieren).
Ja, natürlich kann ich das.
Ja, ich kann das.

B: Nein, leider kann ich …
(keinen Drucker installieren).
Nein, leider kann ich das nicht.
Nein, ich kann das leider nicht.

2. Hat Ihre Nachbarin/Ihr Nachbar das schon einmal gemacht? Kreuzen Sie an.

Meine Nachbarin/Mein Nachbar hat schon einmal …

	ja	nein
1. das Internet für ihre/seine Arbeit benutzt	❒	❒
2. einen Computer installiert	❒	❒
3. eine E-Mail auf Deutsch bekommen	❒	❒
4. im Internet nach deutschen Websites gesucht	❒	❒

Redemittel

A: Hast du …/Haben Sie schon einmal … *(das Internet für deine/Ihre Arbeit benutzt)*?

B: Ja, natürlich habe ich schon einmal …
(das Internet für meine Arbeit benutzt).
Ja, ich habe das schon einmal gemacht.
Ja, das habe ich schon oft gemacht.

B: Nein, ich habe noch nie …
(das Internet für meine Arbeit benutzt).
Nein, ich habe das noch nie gemacht.
Nein, das habe ich noch nie gemacht.

Wann lernen wir Deutsch? [A]

Sie und Ihre Nachbarin/Ihr Nachbar möchten zusammen Deutsch lernen.
Sie brauchen mindestens zwei Stunden. Vereinbaren Sie einen Termin.

1. Schreiben Sie zuerst das Datum und die Wochentage.

	.... Montag	....	....	....	....
8					Freier Tag!
9					
10					
11					
12					
13					
14					
15		*Tisch reservieren!*			
16					
17		17.30 Mama abholen, Restau-rant			
18	18.00 bis 20.00: Yoga		18.30 bis 21.00: Deutschkurs		
19					19.00 Irma abholen
20				20.00 Theater (Hamlet) mit Eva und Hans	
21					

2. Vereinbaren Sie jetzt den Termin.
Sie arbeiten jeden Tag bis 17 Uhr, aber am Freitag haben Sie frei.

Redemittel

A: Können wir irgendwann zusammen Deutsch lernen? Wann haben Sie/hast du Zeit?
oder: Geht es am ... *(Montag/13.)*/von ... bis ... Uhr/ab ... Uhr?

B: Ja, das geht.
Ja, natürlich.
Ja, am ... *(Montag)*/da habe ich Zeit.

A: Wunderbar./Toll!
Dann sehen wir einander am ... um ... Uhr.
Bis dann!

B: Am ... *(Montag)*/da habe ich leider keine Zeit.
Geht es *(vielleicht)* am ... *(Dienstag)*?
Geht es *(ein bisschen)* früher/später?

A: Ja, das geht./Ja, natürlich.
Wir sehen einander also am ... um ... Uhr.
Ich habe da einen Kinobesuch, aber ich kann das absagen.

Wann lernen wir Deutsch? [B]

Sie und Ihre Nachbarin/Ihr Nachbar möchten zusammen Deutsch lernen. Sie brauchen mindestens zwei Stunden. Vereinbaren Sie einen Termin.

1. Schreiben Sie zuerst das Datum und die Wochentage.

	.... Montag	....	....	....	....
8					
9					
10					
11					
12					12.00 bis 17.30: Sitzung in Karlsruhe
13			*Flug nach Istanbul buchen*		
14					
15					
16					
17	17.30 bis 19.00: Informatikkurs				
18			18.30 bis 21.00: Deutschkurs		*Geschenk kaufen*
19					
20		20.00 Kino mit Klaus		am Abend: schwimmen	20.00 Geburtstags-party bei Laura
21					

2. Vereinbaren Sie jetzt den Termin.
   Sie arbeiten jeden Tag bis 16 Uhr.

Redemittel

A: Können wir irgendwann zusammen Deutsch lernen? Wann haben Sie/hast du Zeit?
oder: Geht es am ... *(Montag/13.)*/von ... bis ... Uhr/ab ... Uhr?

B: Ja, das geht.
Ja, natürlich.
Ja, am ... *(Montag)*/da habe ich Zeit.

A: Wunderbar./Toll!
Dann sehen wir einander am ... um ... Uhr.
Bis dann!

B: Am ... *(Montag)*/da habe ich leider keine Zeit.
Geht es *(vielleicht)* am ... *(Dienstag)*?
Geht es *(ein bisschen)* früher/später?

A: Ja, das geht./Ja, natürlich.
Wir sehen einander also am ... um ... Uhr.
Ich habe da einen Kinobesuch, aber ich kann das absagen.

Situationen

Karte 1a

Es ist 10 Uhr morgens. Sie haben schreckliche Zahnschmerzen.

Rufen Sie den Zahnarzt an und vereinbaren Sie einen Termin.

Karte 1b

Sie sind Sekretär/in bei Zahnarzt Dr. Frenzel.

Jemand ruft an: Sie können ihm erst für heute Nachmittag um drei Uhr oder später einen Termin geben.

Karte 2a

Sie möchten Deutsch lernen.

Rufen Sie bei der Sprachenschule *Ludwig* an und fragen Sie:
Preis? Kursbeginn?
Wie viele Leute sind in der Gruppe?

Karte 2b

Sie arbeiten bei der Sprachenschule *Ludwig*.

Ihre Preise: 7 Euro pro Stunde

Kursbeginn:
am 15. (in jedem Monat)
maximal 10 Leute in der Gruppe

Karte 3a

Sie möchten ein neues, holländisches Fahrrad kaufen.

Sie möchten wissen:
Preis?
Öffnungszeiten morgen?

Karte 3b

Sie arbeiten in einem Fahrradgeschäft.

Sie verkaufen neue, preiswerte, deutsche und ausländische Fahrräder ab 299,– Euro.

Öffnungszeiten:
Mo bis Fr: 9 bis 17 Uhr
Sa: 9 bis 14 Uhr

Karte 4a

Sie suchen eine Gitarre für Ihren Sohn.

Sie möchten aber keine teure Gitarre! (Die Gitarre muss nicht neu sein.)
Sie möchten wissen:
Preise?
Öffnungszeiten?

Karte 4b

Sie arbeiten im Musikgeschäft „Mana“.

Nächste Woche bekommen Sie neue Gitarren und Saxofone.
Preise: 260 bis 480 Euro.

Öffnungszeiten:
Mo: geschlossen
Di bis Fr: 9 bis 18.30 Uhr
Sa: 9 bis 15.30 Uhr

Satzbautraining [A]

1. Kontrollieren Sie die Sätze Ihrer Nachbarin/Ihres Nachbarn.

(1) Heute Abend schreibe ich einige E-Mails.

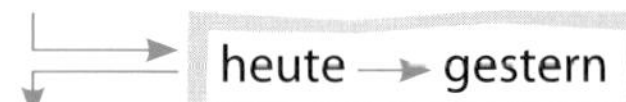

(2) Gestern Abend habe ich einige E-Mails geschrieben.

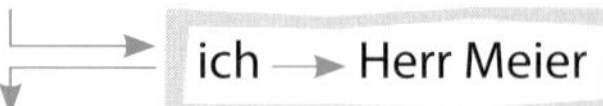

(3) Gestern Abend hat Herr Meier einige E-Mails geschrieben.

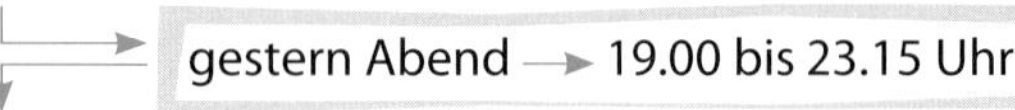

(4) Von 19.00 bis 23.15 Uhr hat Herr Meier einige E-Mails geschrieben.

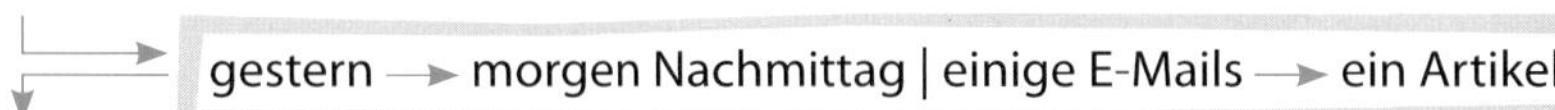

(5) Morgen Nachmittag schreibt Herr Meier einen Artikel.

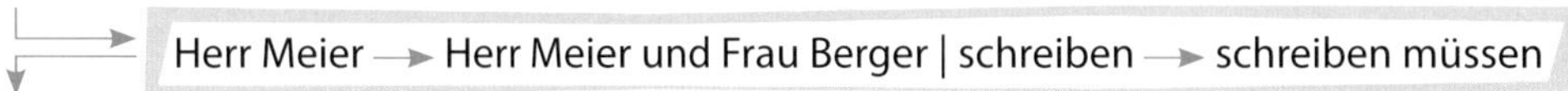

(6) Morgen Nachmittag müssen Herr Meier und Frau Berger einen Artikel schreiben.

2. Bilden Sie Sätze. Verändern Sie immer nur die vorgegebenen Wörter.

(1) Ihre Arbeitszeit fängt heute um 8.30 Uhr an.

Sie → du | . → ?

(2) ....

heute → gestern

(3) ....

du → ihr | gestern → schon

(4) ....

ihr → ich | ? → .

(5) ....

anfangen → aufhören | 8.30 → 16 Uhr

(6) ....

Satzbautraining [B]

1. Bilden Sie Sätze. Verändern Sie immer nur die vorgegebenen Wörter.

(1) Heute Abend schreibe ich einige E-Mails.

(2) ....

ich → Herr Meier

(3) ....

gestern Abend → 19.00 bis 23.15 Uhr

(4) ....

gestern → morgen Nachmittag | einige E-Mails → ein Artikel

(5) ....

Herr Meier → Herr Meier und Frau Berger | schreiben → schreiben müssen

(6) ....

2. Kontrollieren Sie die Sätze Ihrer Nachbarin/Ihres Nachbarn.

(1) Ihre Arbeitszeit fängt heute um 8.30 Uhr an.

Sie → du | . → ?

(2) Fängt deine Arbeitszeit heute um 8.30 Uhr an?

heute → gestern

(3) Hat deine Arbeitszeit gestern um 8.30 Uhr angefangen?

du → ihr | gestern → schon

(4) Hat eure Arbeitszeit schon um 8.30 Uhr angefangen?

ihr → ich | ? → .

(5) Meine Arbeitszeit hat schon um 8.30 Uhr angefangen.

anfangen → aufhören | 8.30 → 16 Uhr

(6) Meine Arbeitszeit hat schon um 16 Uhr aufgehört.

Grammatik- und Wortschatztraining

1. Ergänzen Sie die Verben im Perfekt.

Präsens	Perfekt	Präsens	Perfekt
fragen	*ich habe gefragt*	machen	....
arbeiten	*ich*	lesen !	....
kommen !	....	buchen	....
einkaufen	....	hören	....
besuchen	....	tanzen	....
trinken !	....	frühstücken	....
essen !	....	bezahlen	....
sprechen !	....	aufstehen !	....
anrufen !	....	gehen !	....
beginnen !	....	übersetzen	....
studieren	....	fahren !	....
kopieren	....	schlafen !	....
speichern	....	schreiben !	....
wohnen	....	anfangen !	....
vereinbaren	....	einschalten	....

2. Sammeln Sie viele passende Substantive. Achten Sie auf den Kasus.

   1. Was hat Herr Kahn heute Morgen repariert? *Er hat den (kaputten) Drucker,* .... *repariert.*
   2. Was hat Frau Müller heute gefrühstückt? ....
   3. Wen hat Familie Klein am Mittwoch besucht? ....
   4. Was hat Ulrich von 1994 bis 1999 studiert? ....
   5. In welchem Land hat Lydia früher gelebt? ....
   6. Was hat die Sekretärin fotokopiert? ....

Wiederholungstest

1. Schreiben Sie Sätze im Präsens. Schreiben Sie das Datum und die Uhrzeit mit Buchstaben.
   1. Karl – ankommen – 3. Juni, 17.30 Uhr

      ....
   2. der Deutschkurs – beginnen – 17.5., 18 Uhr

      ....
   3. die Fotoausstellung – geöffnet – 2.6. bis 16.8.

      ....
   4. das Flugzeug aus Lissabon – landen – 22.12., 22.45 Uhr

      ....
   5. die Konferenz – enden – 1. März

      ....

.... /10 Punkte

2. Computerbefehle. Ergänzen Sie den Satz mit einem Verb.
   1. Mein Computer ist kaputt. Kannst du ihn *reparieren*?
   2. Ich habe einen neuen Drucker gekauft. Können Sie ihn ....
   3. Ich muss diese E-Mail heute noch schicken, denn Ralf muss sie heute noch ....
   4. Der Text ist weg. Ich habe ihn nicht ....
   5. Ich brauche den Computer heute nicht mehr. Ich .... ihn ....
   6. Da steht der Drucker. Da könnt ihr den Artikel ....

.... /5 Punkte

3. Einen Termin vereinbaren. Ergänzen Sie den Dialog.

A: Guten Morgen, Stefan Berger hier.
Ich habe ein...... Problem: mein...... Waschmaschine ist kaputt. Ich möchte ein...... Termin für die Reparatur vereinbaren. Kann d...... Monteur heute noch kommen?

B: Moment mal. Nein, heute ist es leider nicht möglich.

A: Und morgen Vormittag?

B: Es tut mir leid, aber morgen hat d...... Monteur am Vormittag kein...... Zeit.
Er kann aber am Nachmittag kommen.

A: Nein, das ist nicht so günstig. Ich muss am Nachmittag nach Köln fahren. Kann er vielleicht am Donnerstag mein...... Waschmaschine reparieren? Da bin ich den ganzen Tag zu Hause.

B: Donnerstag – das ist d...... 12.5. Da könnte der Monteur um 12.30 Uhr vorbeikommen.

A: Ja, sehr gut. Ich erwarte d...... Monteur am Donnerstag.

B: Gut, ich brauche noch Ihr...... Adresse und Ihr...... Telefonnummer.

.... /10 Punkte

4. Ergänzen Sie die Modalverben.

   1. Unsere Kaffeemaschine ist kaputt. Wir *können* keinen Kaffee kochen.
   2. Mein Sohn isst nicht gern Schokolade. Er .... keine Schokolade.
   3. Morgen ist Samstag. Ihr .... nicht arbeiten.
   4. Mein Chef sagt, ich .... diese Briefe heute Nachmittag beantworten.
   5. .... ihr auch ein Stück Apfelkuchen? Ja, gern.
   6. .... du meinen Kühlschrank reparieren? Ich??? Ich bin kein Monteur!

.... /5 Punkte

5. Olga erzählt über ihren gestrigen Tag. Ergänzen Sie die Sätze.

   1. Ich *bin* gestern um 8 Uhr *aufgestanden*. *(aufstehen)*
   2. Dann .... ich mit meinem Mann .... *(frühstücken)*
   3. Wir .... Müsli .... *(essen)*
   4. Meine Arbeitszeit .... um 9 Uhr .... *(anfangen)*
   5. Ich .... bis 17 Uhr .... *(arbeiten)*
   6. Danach .... ich nach Hause .... *(fahren)*
   7. Ich .... um 18 Uhr nach Hause .... *(kommen)*
   8. Mein Mann .... und das Abendessen .... *(einkaufen, kochen)*
   9. Nach dem Abendessen .... wir noch ein bisschen .... *(diskutieren)*.
   10. Um 23 Uhr .... ich ins Bett .... *(gehen)*

.... /10 Punkte

6. Welches Wort passt?

   1. Max, soll ich die Kinokarten kaufen? Nein, das *brauchst* du nicht.
      a) ❒ brauchen b) ✗ brauchst c) ❒ braucht
   2. Hast du Frau Krüger angerufen? Nein, ich habe .... noch nicht angerufen.
      a) ❒ sie b) ❒ ihn c) ❒ es
   3. Petra soll .... Chef ein Hotelzimmer buchen.
      a) ❒ mit seinem b) ❒ für ihren c) ❒ in ihren
   4. .... ihr oft fern? Nein, nur eine halbe Stunde pro Tag.
      a) ❒ Sieht b) ❒ Sehen c) ❒ Seht
   5. Morgen müssen wir mit der neuen Kollegin ein Gespräch ....
      a) ❒ machen b) ❒ führen c) ❒ nehmen
   6. Entschuldigung, haben Sie den Brief an Herrn Au schon ....?
      a) ❒ geschrieben b) ❒ gehört c) ❒ vereinbart

.... /5 Punkte

Insgesamt: .... /45 Punkte

Prüfungsvorbereitung „Start Deutsch“

1. Lesen Sie die E-Mail und entscheiden Sie: Sind die Sätze richtig oder falsch?

Neue Nachricht
Datei Bearbeiten Ansicht Einfügen Format Extras Nachricht ?
Senden Ausschneiden Kopieren Einfügen Rückgängig Prüfen Rechtsch... Einfügen Priorität Signieren Verschlüs... Offline Codierung
Von:
An:
Cc:
Betreff:

Hallo Hans,
es tut mir leid, aber wir können heute Abend nicht zusammen ins Kino gehen.
Ich hatte heute Morgen ein Problem mit meinem Computer. Dann habe ich bis zwei Uhr nachmittags auf den Monteur gewartet! Mein Computer funktioniert jetzt wieder, aber ich habe noch sehr viel Arbeit. Ich muss noch zehn E-Mails und einen langen Bericht schreiben! Vielleicht schlafe ich hier, im Büro :))
Läuft der Film auch morgen? Hast du morgen Abend Zeit? Dann können wir morgen ins Kino gehen. Was meinst du?
Hoffentlich bis morgen.
Viele Grüße
Judith

	richtig	falsch
1. Judith muss heute Abend lange arbeiten.	❒	❒
2. Judith möchte den Film nicht sehen.	❒	❒
3. Der Monteur hat den Computer nicht repariert.	❒	❒

2. Sie brauchen Informationen.
Lesen Sie die Angebote a) und b) und entscheiden Sie: Auf welcher Website finde ich die Information?

(1) Sie möchten einen Informatikkurs besuchen, aber Sie haben nur von 15 bis 17 Uhr Zeit.

a)
www.informatikkurs.de
Informatik lernen?
Informatikkurse für Anfänger und Fortgeschrittene
Europäische Qualifikationen!
Nachmittags- und Abendkurse
Rufen Sie an! (0554) 3 41 87 33

b)
www.allesuebercomputer.com
Willkommen auf unserer Website!
Hier finden Sie alles rund um den Computer!
NEU! Reparatur und Verkauf von gebrauchten Computern

(2) Ihr Scanner ist kaputt und Sie suchen nach Reparaturmöglichkeiten.

a)
www.neu_und_gebraucht.de
Bei uns finden Sie: neue und gebrauchte Computer, Scanner, Drucker, Lautsprecher usw.
Zwei Jahre Garantie auf alle Produkte!

b)
www.fachmann.com
Haben Sie Probleme mit einem elektrischen Gerät?
- Wir kommen und reparieren es!
- Schnell, preisgünstig und zuverlässig.
Ja, das sind wir!
- Rufen Sie uns an!

Wie ist das Wetter in …? [A]

1. Hier sehen Sie die Wettervorhersage für den 7. November.
   Diskutieren und ergänzen Sie die fehlenden Informationen.

	Stadt	Wetter	Temperatur
1.	....		15 °C
2.	Marseille		21 °C
3.	Belgrad		12 °C
4.	Zürich	....	....
5.	Neapel		21 °C
6.	Miami		....
7.	Buenos Aires		23 °C
8.	....		27 °C
9.	Delhi		....
10.	Tokio		24 °C
11.	Moskau	....	11 °C

2. Wo liegen diese Städte? Nennen Sie die Länder.

   Marseille liegt in Frankreich. …

Wie ist das Wetter in …? [B]

1. Hier sehen Sie die Wettervorhersage für den 7. November.
   Diskutieren und ergänzen Sie die fehlenden Informationen.

	Stadt	Wetter	Temperatur
1.	London		15 °C
2.	Marseille		....
3.	....		12 °C
4.	Zürich		10 °C
5.	....		21 °C
6.	Miami		29 °C
7.	Buenos Aires	....	....
8.	Kapstadt		27 °C
9.	Delhi		29 °C
10.	Tokio		....
11.	Moskau		11 °C

2. Wo liegen diese Städte? Nennen Sie die Länder.

   Marseille liegt in Frankreich. …

Artikel und Nomen

Hier finden Sie einige Regeln zur Artikelbestimmung.

1. Ergänzen Sie. Das sind **maskuline Nomen**:

   a) die vier Jahreszeiten

   der Winter, ...

   ....

   b) die zwölf Monate

   der Januar, ...

   ....

   ....

   ....

   c) die Wochentage

   der Montag, ...

   ....

   d) die Tageszeiten

   der Morgen, ...

   ....

   ABER: die Nacht, **die** Mitternacht (!)

   e) die Niederschläge, viele Wörter rund um das Wetter

   der Sturm, ...

   ....

2. Ergänzen Sie. Das sind **feminine Nomen**:

   a) Substantive aus: *warm, kalt, heiß, sonnig, bewölkt*

   die Wärme, ...

   b) eine Tageszeit: ....

Was nehmen Sie in den Urlaub mit?

1. Schreiben Sie zuerst die Namen der Gegenstände und Kleidungsstücke.

maskulin	feminin	neutral
 der Fotoapparat	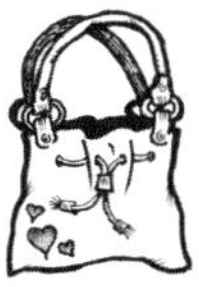	 ....
		 ....
		 ....
		 ....
		 ....
		 ....
		 ....

2. Was nehmen Sie in den Urlaub mit? Diskutieren Sie.

A: Nimmst du *(Nehmen Sie/Nehmt ihr)* deinen/einen *(Ihren/euren)* Fotoapparat in den Urlaub mit?

B: Ja, natürlich, denn ich mache immer sehr viele Fotos.

B: Nein. Der Fotoapparat ist für mich nicht so wichtig, denn ich mache selten Fotos.

B: Nein, ich nehme nie einen Fotoapparat mit, denn ich mache nie Fotos.

B: Und du/Sie?

A: Ich auch (nicht). ←→ Ich schon.

Ratschläge geben

Karte 1	Karte 2	Karte 3	Karte 4
in Deutschland einen Deutschkurs machen — Sie haben Zahnschmerzen.	**zum Zahnarzt gehen** — Ihre Waschmaschine ist kaputt.	**den Monteur anrufen** — Sie haben keine Zeit zum Deutschlernen.	**weniger fernsehen** — Sie müssen Informationen über die Firma Magellan finden.
Karte 5	**Karte 6**	**Karte 7**	**Karte 8**
im Internet nach Informationen suchen — Am Monatsende haben Sie nie Geld.	**Das ist wirklich ein Problem.** — Sie möchten gesund leben.	**viel frisches Gemüse essen, Sport treiben** — Sie möchten in die Türkei fahren und suchen nach billigen Flügen.	**ins Reisebüro „Istanbul" gehen** — Sie möchten besser Deutsch sprechen.
Karte 9	**Karte 10**	**Karte 11**	**Karte 12**
Ihren Freund anrufen: Er kauft und verkauft Musikinstrumente. — Sie fahren zum Karneval in Venedig und haben noch kein Hotelzimmer.	**im Internet ein Hotelzimmer buchen** — Sie fahren nächste Woche nach England.	**einen Regenschirm mitnehmen** — Ihre Handyrechnung ist immer sehr hoch.	**nicht so viele SMS schicken** — Sie sind abends immer sehr müde.
Karte 13	**Karte 14**	**Karte 15**	**Karte 16**
weniger arbeiten — Sie brauchen eine Brille.	**zum Augenarzt gehen** — Sie möchten neue Sommerschuhe kaufen.	**ins Schuhgeschäft am Karlsplatz gehen** — Sie möchten in Europa Ski fahren.	**in die Alpen fahren** — Sie möchten Ihre alte Violine verkaufen.

Ich habe nichts zum Anziehen!

1. Ergänzen Sie den Text.

Mann: Liebling, das Flugzeug fliegt in vier Stunden. Hast du deinen .... (1) schon gepackt?

Frau: Nein. Ich habe nichts zum Anziehen!

Mann: Du hast nichts zum Anziehen? Du hast doch ein neues .... (2), eine neue .... (3), einen neuen .... (4) und drei Paar .... (5) für den Urlaub gekauft!

Frau: Die roten .... (6) gefallen mir nicht mehr und das .... (7) passt mir nicht.

Mann: Du kaufst ein neues Kleid und das Kleid passt dir nicht? Hast du es nicht anprobiert?

Frau: Nein, ich hatte keine .... (8).

Mann: Du hattest keine .... (9)?

Frau: Nein, ich hatte keine Zeit und jetzt kann ich es nicht mehr umtauschen. Ich kaufe mir im Urlaub ein neues Kleid. Ich nehme nur die .... (10), den .... (11) und zwei Paar .... (12) mit. Ich brauche aber dringend noch eine neue .... (13) und einen kurzen .... (14).

Mann: Vielleicht schaust du zuerst mal in deinen .... (15). Dort hängen ungefähr 20 .... (16) und 10 .... (17).

Frau: Ja, aber die sind jetzt unmodern.

Mann: Also ich finde deine .... (18) nicht unmodern. Hier, schau mal in meinen Schrank. Meine .... (19) und .... (20) sind fünf oder sechs Jahre alt. Ich brauche auch dringend neue .... (21).

Frau: Also gut, ich nehme zwei .... (22) und einen .... (23) vom letzten Jahr mit und dann kaufen wir in Italien für dich eine neue .... (24) und ein schönes neues .... (25) und für mich ein oder zwei Paar neue .... (26), ein neues Kleid, eine neue .... (27) und einen neuen .... (28).

2. Geben Sie bitte den Artikel und den Plural für alle Kleidungsstücke im Text an. Steht das Wort im Satz im Nominativ oder im Akkusativ?

Arbeitsblatt 6a

Urlaub in Italien [A]

1. Herr und Frau Berg packen ihren Koffer. Welche Gegenstände und Kleidungsstücke erkennen Sie? Schreiben Sie eine Liste.

der Koffer

....

....

....

....

....

....

....

....

....

....

....

2. Frau und Herr Berg fliegen bald nach Italien. Das erzählt Ihnen Frau Berg vor dem Urlaub:

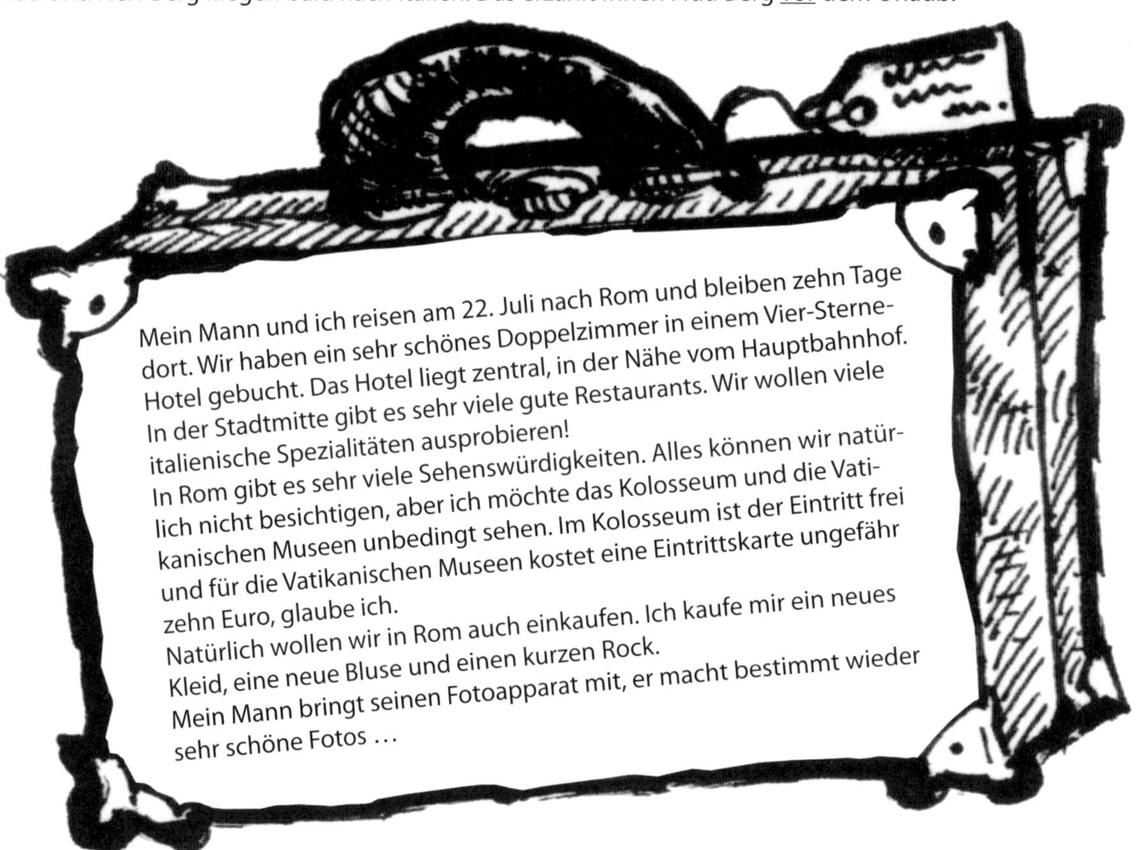

Mein Mann und ich reisen am 22. Juli nach Rom und bleiben zehn Tage dort. Wir haben ein sehr schönes Doppelzimmer in einem Vier-Sterne-Hotel gebucht. Das Hotel liegt zentral, in der Nähe vom Hauptbahnhof. In der Stadtmitte gibt es sehr viele gute Restaurants. Wir wollen viele italienische Spezialitäten ausprobieren!
In Rom gibt es sehr viele Sehenswürdigkeiten. Alles können wir natürlich nicht besichtigen, aber ich möchte das Kolosseum und die Vatikanischen Museen unbedingt sehen. Im Kolosseum ist der Eintritt frei und für die Vatikanischen Museen kostet eine Eintrittskarte ungefähr zehn Euro, glaube ich.
Natürlich wollen wir in Rom auch einkaufen. Ich kaufe mir ein neues Kleid, eine neue Bluse und einen kurzen Rock.
Mein Mann bringt seinen Fotoapparat mit, er macht bestimmt wieder sehr schöne Fotos …

Arbeitsblatt 6b

Urlaub in Italien [B]

1. Herr und Frau Berg packen ihren Koffer. Welche Gegenstände und Kleidungsstücke erkennen Sie? Schreiben Sie eine Liste.

der Koffer

2. Frau und Herr Berg sind wieder in Deutschland. Das erzählt Ihnen Frau Berg nach dem Urlaub:

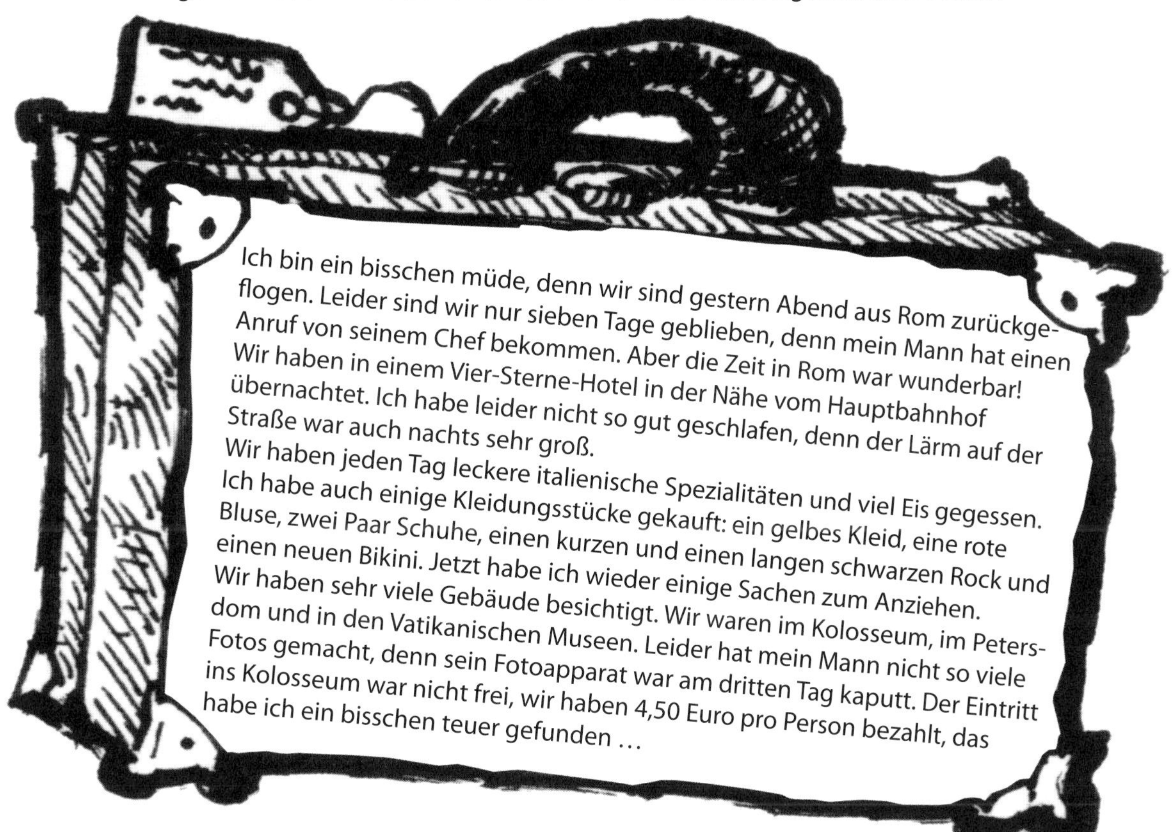

Arbeitsblatt 7: Karten zum Ausschneiden

Wann fliegt mein Flugzeug?

Karte 1	Karte 2	Karte 3	Karte 4
Berlin–Stuttgart Abflug: 7.45 Ankunft: 9.00 **Berlin–New York**	**Berlin–New York** Abflug: 11.50 Ankunft: 22.15 **Berlin–Kiew**	**Berlin–Kiew** Abflug: 14.30 Ankunft: 18.30 **Mailand–Berlin**	**Mailand–Berlin** Abflug: 21.30 Ankunft: 23.10 **Berlin–Prag**
Karte 5	**Karte 6**	**Karte 7**	**Karte 8**
Berlin–Prag Abflug: 12.05 Ankunft: 13.05 **Hamburg–Kopenhagen**	**Hamburg–Kopenhagen** Abflug: 17.30 Ankunft: 19.50 **Berlin–London**	**Berlin–London** Abflug: 19.30 Ankunft: 22.30 **Amsterdam–Berlin**	**Amsterdam–Berlin** Abflug: 8.50 Ankunft: 12.00 **Berlin–Stuttgart**
Karte 9	**Karte 10**	**Karte 11**	**Karte 12**
Berlin–Stockholm Abflug: 16.55 Ankunft: 18.45 **Frankfurt/M.–Paris**	**Frankfurt/M.–Paris** Abflug: 12.40 Ankunft: 13.50 **Berlin–Athen**	**Berlin–Athen** Abflug: 11.20 Ankunft: 16.20 **Kairo–Berlin**	**Kairo–Berlin** Abflug: 11.30 Ankunft: 18.15 **München–Neapel**
Karte 13	**Karte 14**	**Karte 15**	**Karte 16**
München–Neapel Abflug: 8.15 Ankunft: 10.05 **Frankfurt/M.–Ottawa**	**Frankfurt/M.–Ottawa** Abflug: 6.35 Ankunft: 16.35 **Berlin–Peking**	**Berlin–Peking** Abflug: 13.15 Ankunft: 1.00 **Neu-Delhi–Frankfurt/M.**	**Neu-Delhi–Frankfurt/M.** Abflug: 3.05 Ankunft: 10.15 **Berlin–New York**

Der Urlaub von Georg

Georg hat auch Urlaub gemacht. Was erzählt er?

Karte 1

aufgestanden, geduscht, gefrühstückt

Karte 2

zum Flughafen gefahren

Karte 3

in Marseille angekommen, zum Hotel gefahren

Karte 4

im Hotelzimmer ausgepackt, Badehose angezogen

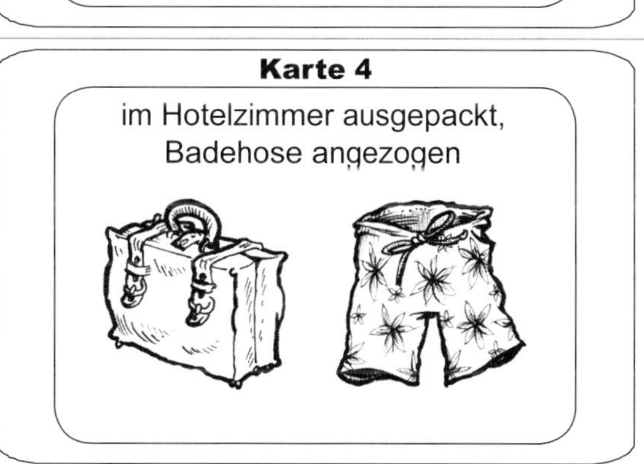

Karte 5

zum Strand gegangen, heiß

Karte 6

plötzlich schlechtes Wetter, zurück ins Hotel gelaufen

Karte 7

eine Woche lang geregnet!!!

Karte 8

Aber: Im Hotel eine nette Französin kennengelernt. Sie heißt Céline, sie ist sehr hübsch und ledig.

um … Uhr → dann/danach → anschließend → später

Satzbautraining [A]

1. Kontrollieren Sie die Sätze Ihrer Nachbarin/Ihres Nachbarn.

(1) Im Januar fliegen wir nach Barcelona.

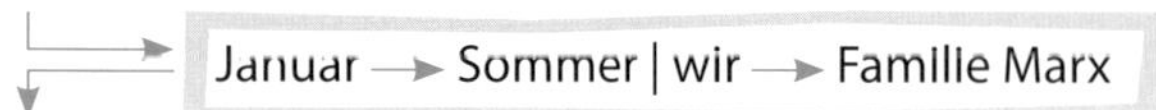

(2) Im Sommer fliegt Familie Marx nach Barcelona.

(3) Fliegt Familie Marx im Sommer an die Ostsee?

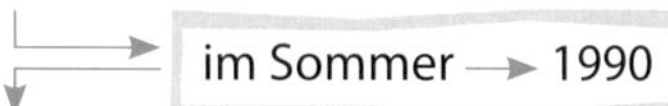

(4) Ist Familie Marx 1990 an die Ostsee geflogen?

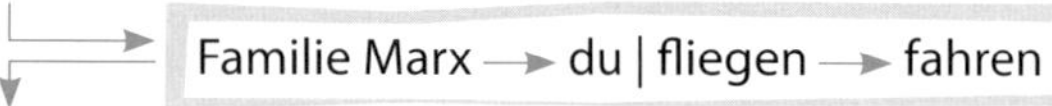

(5) Bist du 1990 an die Ostsee gefahren?

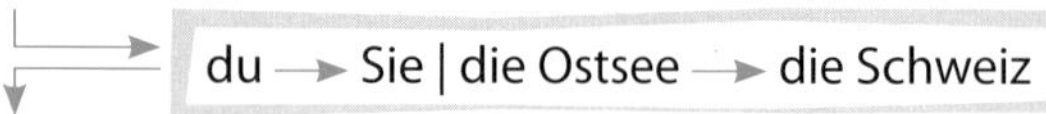

(6) Sind Sie 1990 in die Schweiz gefahren?

2. Bilden Sie Sätze. Verändern Sie immer nur die vorgegebenen Wörter.

(1) Erika hat letzte Woche einen warmen Pullover gekauft.

Erika → ich | warm → rot

(2) ....

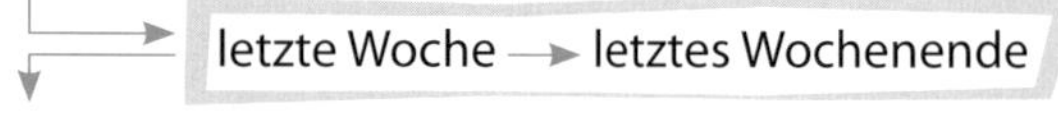

(3) ....

letztes Wochenende → übermorgen

(4) ....

(5) ....

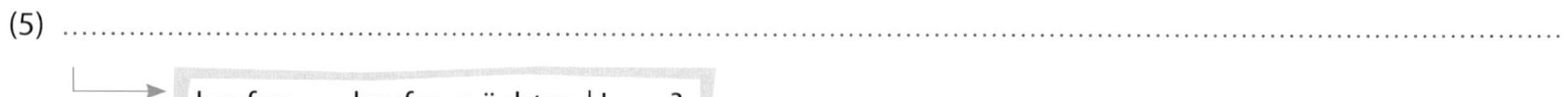

kaufen → kaufen möchten | ! → ?

(6) ....

Satzbautraining [B]

1. Bilden Sie Sätze. Verändern Sie immer nur die vorgegebenen Wörter.

(1) Im Januar fliegen wir nach Barcelona.

Januar → Sommer | wir → Familie Marx

(2) ....

Barcelona → die Ostsee | . → ?

(3) ....

im Sommer → 1990

(4) ....

Familie Marx → du | fliegen → fahren

(5) ....

du → Sie | die Ostsee → die Schweiz

(6) ....

2. Kontrollieren Sie die Sätze Ihrer Nachbarin/Ihres Nachbarn.

(1) Erika hat letzte Woche einen warmen Pullover gekauft.

Erika → ich | warm → rot

(2) <u>Ich habe</u> letzte Woche einen <u>roten</u> Pullover gekauft.

letzte Woche → letztes Wochenende

(3) Ich habe <u>letztes Wochenende</u> einen roten Pullover gekauft.

letztes Wochenende → übermorgen

(4) <u>Ich kaufe übermorgen</u> einen roten Pullover.

ich → ihr | . → !

(5) <u>Kauft</u> übermorgen einen roten Pullover!

kaufen → kaufen möchten | ! → ?

(6) <u>Möchtet ihr</u> übermorgen einen roten Pullover <u>kaufen</u>?

Grammatik- und Wortschatztraining

1. Ergänzen Sie den Imperativ.

	essen	trinken	fahren	nehmen	aufstehen
du	*Iss!*	....	....	....	....
ihr	....	....	....	....	....
Sie	....	....	....	....	....

	lesen	spielen	sprechen	warten	schreiben
du	....	....	....	....	....
ihr	....	....	....	....	....
Sie	....	....	....	....	....

2. Sammeln Sie viele passende Substantive und bilden Sie Sätze.

   1. Probier *dieses Kleid*, ... an!

   ....

   ....

   2. Iss *einen Joghurt*, ...

   ....

   ....

   3. Fahren Sie mit *dem Schiff*, ...

   ....

   ....

   4. Fahren Sie *nach Italien*, ...

   ....

   ....

   5. Lest diesen *Brief*, ...

   ....

   ....

   6. Besucht *eure Eltern*, ...

   ....

   ....

Wiederholungstest

1. Wie heißen diese Sachen? Vergessen Sie den Artikel nicht.

1	2	3	4	5	6
der Pullover	....	....	....	....	....

.... /5 Punkte

2. Wie ist das Wetter in London und Warschau?
Schreiben Sie drei kurze Sätze über London und drei Sätze über Warschau.

a) Es ist Herbst in London:

....

....

....

10 °C

b) Es ist Winter in Warschau:

....

....

....

-7 °C

.... /6 Punkte

3. Ergänzen Sie die Präpositionen.

1. Nächstes Jahr will ich .... die Türkei fahren.
2. Mein Freund möchte einmal .... Japan fliegen.
3. Gehst du morgen .... Magdalena?
4. Warum fahrt ihr jedes Jahr .... die Nordsee?
5. 2004 sind wir .... die Kanarischen Inseln geflogen.
6. Fahren Sie .... dem Auto .... München?

.... /7 Punkte

4. Ergänzen Sie die Minidialoge logisch.

1. Liebst du mich?	Ja, natürlich liebe ich *dich*.
2. Gefällt euch dieses Kleid?	Nein, es gefällt .... nicht.
3. Kann ich deinen Pullover haben?	Natürlich kannst du .... haben.
4. Schmeckt Klara die Suppe?	Nein, sie schmeckt .... gar nicht.
5. Hast du Paul und Birgit heute schon gesehen?	Nein, ich habe .... heute noch nicht gesehen.
6. Herr Meier, können Sie mir helfen?	Ja, natürlich kann ich .... helfen.

.... /5 Punkte

5. Geben Sie Ratschläge.

1. Frau Konrad, soll ich Ihnen helfen?	Ja, bitte *helfen Sie mir!*
2. Soll ich dich morgen besuchen?	Ja, bitte ....
3. Mama, soll ich heute Abend Brot kaufen?	Ja, bitte ....
4. Sollen wir den Fernseher ausschalten?	Ja, bitte ....
5. Soll ich einen Obstsalat nehmen?	Ja, ..., er schmeckt ausgezeichnet!
6. Was meinen Sie? Soll ich nächstes Jahr nach Puerto Rico fahren?	Nein, ...

.... /10 Punkte

6. Am Bahnhof. Ergänzen Sie die fehlenden Wörter. Zwei Wörter kommen zweimal vor.

Passagier:	Guten Tag. Eine Fahrkarte .... Hamburg bitte.
Frau am Schalter:	.... wollen Sie fahren?
Passagier:	Diesen Donnerstag.
Frau am Schalter:	.... oder nachmittags?
Passagier:	Nachmittags.
Frau am Schalter:	Es fährt ein .... um 14.45 Uhr, aber dann müssen Sie in Düsseldorf ....
Passagier:	Das ist kein Problem. Wann .... ich in Hamburg ....?
Frau am Schalter:	Um 19.15 Uhr. Möchten Sie eine Hin- und ....fahrt oder eine .... Fahrt?
Passagier:	Eine .... Fahrt.
Frau am Schalter:	Fahren Sie erste oder zweite ....?
Passagier:	Zweite. Ich möchte auch einen .... reservieren. Von welchem .... fährt der Zug?
Frau am Schalter:	Von .... sechs. 75,30 Euro, bitte.
Passagier:	Danke. Auf ....

.... /12 Punkte

Insgesamt: .... /45 Punkte

Prüfungsvorbereitung „Start Deutsch“

1. Ihre Kollegin, Paula Eberle, ihr Mann und ihre Tochter (sieben Jahre alt) buchen einen Flug nach Lima/Peru. Sie möchten ein günstiges Flugticket kaufen und mit MasterCard zahlen. Sie fliegen am 3. Januar und kommen zwei Wochen später nach Deutschland zurück.
   Schreiben Sie die fünf fehlenden Informationen in das Formular.

Buchungsformular

Genaues Datum: Abflug: 3. Januar — Rückflug: ....

von: Berlin-Tegel — nach: ....

Anzahl der Passagiere: Erwachsene: ....
Kinder unter 12: eins
Babys (unter 2): keins

Klasse: Business ❐ erste ❐ zweite ❐

Zahlungsweise: ....

Name: Paula Eberle

Wohnort: (Straße, Hausnummer, PLZ/Stadt) Joachimstr. 33, 10828 Berlin

Wohnsitz: (Land) ....

Telefonnummer: (030) 8 77 73 99

2. Ihre Freundin Anna möchte im Winter in Paris Urlaub machen.
   Schreiben Sie ihr eine E-Mail. Geben Sie folgende Informationen:

   - Sie waren schon einmal im Winter in Paris.
   - Geben Sie Informationen über das Wetter im Winter in Paris.
     (Sie dürfen natürlich improvisieren.)
   - Schreiben Sie: Was soll Anna für den Urlaub mitnehmen?

   Vergessen Sie die Anrede- und Abschiedsformel nicht.

Zusammengesetzte Wörter

1. Bilden Sie zusammengesetzte Wörter aus Verb und Substantiv. Vergessen Sie den Artikel nicht.

a. Regelmäßige Bildung:

1. An diesem Tisch kann man schreiben: *der Schreibtisch, -e*
2. Auf diesem Platz kann man sitzen: ...., ¨e
3. In diesem Zimmer kann man schlafen: ...., -
4. In diesen Schuhen kann man turnen: .... *(Pl.)*
5. Mit diesem Buch kann man kochen: ...., ¨er
6. In diesem Zimmer wohnt man, hört man Musik usw.: ...., -
7. Mit dieser Maschine kann man waschen: ...., -n
8. Diese Wohnung mietet man: ...., -en
9. In diesem Kurs lernt man tanzen: ...., -e
10. Mit dieser Karte kann man fahren: ...., -n
11. Dieses Verbot sagt: Sie dürfen hier nicht parken: ...., -e
12. An diesem Punkt trifft man Leute (z. B. Freunde): ...., -e

b. Das *-e* des Infinitivs bleibt:

13. In dieser Hose kann man baden: *Badehose, -n*
14. Mit dieser Brille kann man lesen: ...., -n
15. An diesem Tag reist man an: ...., -e

c. Anstelle des *-e* des Infinitivs tritt *-s*:

16. An diesem Platz arbeitet man: *Arbeitsplatz, ¨e*

2. Jetzt sind Sie dran. Schreiben Sie Definitionen.

1. der Esstisch, -e: *An diesem Tisch kann man essen.*
2. das Esszimmer, -: ....
3. die Kopiermaschine, -n: ....
4. der Schlafanzug, ¨e: ....
5. der Spielplatz, ¨e: ....
6. der Abreisetag, -e: ....
7. das Arbeitszimmer, -: ....
8. das Rauchverbot, -e: ....
9. der Arbeitstag, -e: ....
10. der Parkplatz, ¨e: ....

Eine neue Wohnung

Ergänzen Sie den Dialog.

Frau Holzbein: Hier Holzbein.

Frau Knaup: Ja, guten Morgen Frau Holzbein. Sabine Knaup hier, Immobilienagentur *Schöner Wohnen*. Ich habe drei .... für Sie.

Frau Holzbein: Oh, das ist ja toll!

Frau Knaup: Eine ....-Wohnung. Sie ist in der Eisenbahnstraße, also im Osten. Sie hat ein großes .... und ein sehr schönes helles ....

Frau Holzbein: Hat die Wohnung einen ....?

Frau Knaup: Nein, aber einen kleinen ....

Frau Holzbein: Einen .... Das heißt, sie ist im ....

Frau Knaup: Ja, aber der .... ist wunderbar. Sie können die Wohnung morgen besichtigen.

Frau Holzbein: Was kostet die Wohnung?

Frau Knaup: Die Wohnung kostet 600 Euro.

Frau Holzbein: Mit ....?

Frau Knaup: Nein, ohne ....

Frau Holzbein: Das ist aber teuer für zwei Zimmer. Haben Sie noch eine andere Wohnung?

Frau Knaup: In der Goldschmiedstraße ist auch eine Wohnung frei. Sie hat drei ...., liegt im Zentrum, hat ein ...., einen .... und ein sehr großes .... Die Wohnung ist in der dritten ....

Frau Holzbein: Das klingt sehr gut. Wie hoch ist die ....?

Frau Knaup: 900 Euro, ohne Nebenkosten. Aber die Wohnung ist wirklich traumhaft!

Frau Holzbein: Ja, die Wohnung hat alles: ...., ..., die richtige Lage, aber sie ist zu teuer.

Frau Knaup: Ich habe noch eine kleine ....-Wohnung in der Sternstraße am .... Sie ist in einer sehr kinderfreundlichen Umgebung mit einem großen .... Sie hat ein Bad, einen Balkon und ist in der zweiten .... Und sie kostet nur 500 Euro inklusive Nebenkosten.

Frau Holzbein: Nein, Frau Knaup, ich habe keine Kinder und ich möchte auch nicht am .... wohnen. Wie hoch sind die .... in der zweiten Wohnung?

Frau Holzbein: In der Goldschmiedstraße ... Moment, ungefähr 200 Euro.

Frau Knaup: Also, mir gefallen alle Wohnungen nicht. Ich warte lieber noch ein bisschen.

Frau Holzbein: Gut, Frau Holzbein. Ich rufe Sie wieder an.

Frau Knaup: Ja, herzlichen Dank und auf ....

Frau Holzbein: Auf Wiederhören.

Situationen

Karte 1a

Sie suchen:
- eine Zwei- oder Drei-Zimmer-Wohnung mit Balkon
- ruhige, aber zentrale Lage
- maximal 900 Euro mit Nebenkosten

Karte 1b

Sie arbeiten bei einer Immobilienagentur. Sie bieten an:
- eine Zwei-Zimmer-Wohnung mit kleinem Balkon
- am Stadtrand, aber mit guter Verkehrsanbindung
- sehr ruhige Lage
- 1000 Euro inkl. Nebenkosten

Karte 2a

Sie suchen:
- ein Einfamilienhaus mit Garten
- am Stadtrand
- Haus in einer kinderfreundlichen Umgebung
- Kosten egal

Karte 2b

Sie arbeiten bei einer Immobilienagentur. Sie bieten an:
- ein Einfamilienhaus ohne Garten
- am Stadtrand
- kinderfreundliche Umgebung (Spielplatz, Kindergarten in der Nähe)

Karte 3a

Sie suchen:
- ein Bauernhaus mit Garten
- mindestens 3 Zimmer
- in der Natur, weit weg von der Stadt
- höchstens (max.) 1300 Euro inklusive Nebenkosten

Karte 3b

Sie arbeiten bei einer Immobilienagentur. Sie bieten an:
- ein schönes Bauernhaus in der Natur
- mit großem Garten und 4 Zimmern
- 1200 Euro mit Nebenkosten
- ABER: Das Haus wird erst in zwei Monaten frei.

Karte 4a

Sie suchen:
- eine Ein-Zimmer-Wohnung
- zentrale Lage ist sehr wichtig!
- höchstens (max.) 600 Euro mit Nebenkosten
- Sie möchten sofort einziehen, wenn möglich

Karte 4b

Sie arbeiten bei einer Immobilienagentur. Sie bieten an:
- eine Ein-Zimmer-Wohnung mit kleinem Balkon
- zentrale, aber ruhige Lage
- Super-Angebot! 600 Euro mit Nebenkosten
- ABER: Das Studio wird erst in zwei Monaten frei.

Wo ist meine Hose? [A]

1. Sie und Ihre Nachbarin/Ihr Nachbar sind zusammen umgezogen.
   Sie sind gerade beim Auspacken und diese Gegenstände finden Sie nicht:

   Ihre Klarinette • Ihren Fotoapparat • Ihren Fernseher • Ihre Handtasche • Ihre Turnschuhe *(Pl.)* • Ihre Kaffeemaschine

   Vielleicht hat Ihre Mitbewohnerin/Ihr Mitbewohner diese Gegenstände/Kleidungsstücke verlegt? Fragen Sie sie/ihn.

Redemittel

A: Wohin hast du mein/e/n … gelegt/gestellt/gehängt?
oder: Hast du mein/e/n … gesehen?

B: Ich habe ihn/sie/es … gelegt/gestellt/gehängt.
oder: Ja, er/sie/es liegt/steht/hängt …

2. Schreiben Sie sechs Sätze über Ihre Gegenstände.

   Meine Klarinette liegt …

Wo ist meine Hose? [B]

1. Sie und Ihre Nachbarin/Ihr Nachbar sind zusammen umgezogen. Sie sind gerade beim Auspacken und diese Gegenstände finden Sie nicht:

Ihre Lieblingshose • Ihren Föhn • Ihr Handy • Ihre Reisetasche • Ihre Sonnenbrille • Ihre Lieblingstasse

Vielleicht hat Ihre Mitbewohnerin/Ihr Mitbewohner diese Gegenstände/Kleidungsstücke verlegt? Fragen Sie sie/ihn.

Redemittel

A: Wohin hast du mein/e/n … gelegt/gestellt/gehängt?
oder: Hast du mein/e/n … gesehen?

B: Ich habe ihn/sie/es … gelegt/gestellt/gehängt.
oder: Ja, er/sie/es liegt/steht/hängt …

2. Schreiben Sie sechs Sätze über Ihre Gegenstände.

Meine Lieblingshose liegt/hängt …

Satzanfänge und Satzenden

Karte A	Karte B	Karte A	Karte B
Ich suche ein	schönes Einfamilienhaus am Stadtrand.	Ich brauche eine	Drei-Zimmer-Wohnung im Stadtzentrum.
Karte A	**Karte B**	**Karte A**	**Karte B**
Ich stelle dieses	Buch ins Regal.	Stellst du bitte diesen	Kleiderschrank neben die Tür?
Karte A	**Karte B**	**Karte A**	**Karte B**
Hängen Sie Ihren	Mantel in den Flur!	Hängst du bitte dieses	schöne Bild an die Wand?
Karte A	**Karte B**	**Karte A**	**Karte B**
Ich wohne in der	dritten Etage.	Wir wohnen im	Erdgeschoss in einer neuen Wohnung.

Das Haus in der Marienstraße

Andrea Holzbein ruft die Maklerin noch einmal an.
Sie möchte weitere Details über das Haus in der Marienstraße wissen. Spielen Sie das Telefongespräch.

Das möchte Andrea wissen:

1. Gibt es einen Spielplatz in der Nähe? Wo genau?
2. Wo kann ich mein Auto parken?
3. Gibt es eine Bushaltestelle in der Nähe?
4. Gibt es auch eine Grünanlage/einen Park? Ist sie/er weit von dem Haus entfernt?
5. Wie viele Etagen hat das Haus?
6. In welchem Stock ist die Wohnung? (2.)
7. Gibt es einen Fahrstuhl im Haus? Wo genau?
8. Gibt es auch einen Keller?

Das ist das Haus in der Marienstraße.

Andreas Nachbarn [A]

1. Andrea ist in die Wohnung in der Marienstraße eingezogen. Sie wohnt im zweiten Stock. Das sind ihre Nachbarn.

2. Stock:
Matuschek • Holzbein • Familie Becker

1. Stock:
Neumann • Maria Fischer • leere Wohnung

Wer wohnt wo? Berichten Sie.
Im ersten Stock…/neben/unter/zwischen…

2. Die Nachbarn stellen sich vor. Erzählen Sie Ihrer Nachbarin/Ihrem Nachbarn die Informationen weiter. Ihre Nachbarin/Ihr Nachbar macht Notizen.

   a) Ralf Matuschek erzählt:

   Ich bin in Dresden geboren und aufgewachsen. Ich habe mein ganzes Leben hier verbracht. Ich habe immer in diesem Haus gewohnt. Früher war ich Automechaniker, aber letztes Jahr habe ich meine Arbeit verloren.
   Sie erzählen: Er heißt Ralf Matuschek. Er ist in Dresden geboren und aufgewachsen…

   b) Heinrich und Julia Neumann:

   ....

   ....

   ....

   c) Familie Becker. Frau Becker erzählt:

   Wir sind ein junges Ehepaar mit einem Kind. Mein Mann, Leopold, und ich haben vor zehn Jahren geheiratet. Unsere Tochter ist vier Jahre alt und geht in den Kindergarten. Wir sind letztes Jahr in diese Wohnung umgezogen und wir sind sehr glücklich hier.

   d) Maria Fischer:

   ....

   ....

   ....

3. Und wer ist Andrea Holzbein? Erfinden Sie ihre Geschichte. Sie können zum Beispiel folgende Fragen beantworten:
   - Wo ist Andrea geboren?
   - Was macht sie in Dresden?
   - Warum sucht sie eine Wohnung?
   - Wo hat sie früher gewohnt? Mit wem?

Andreas Nachbarn [B]

1. Andrea ist in die Wohnung in der Marienstraße eingezogen. Sie wohnt im zweiten Stock. Das sind ihre Nachbarn.

2. Stock:
Matuschek ♦ Holzbein ♦ Familie Becker

1. Stock:
Neumann ♦ Maria Fischer ♦ leere Wohnung

Wer wohnt wo? Berichten Sie.
Im ersten Stock.../neben/unter/zwischen...

2. Die Nachbarn stellen sich vor. Erzählen Sie Ihrer Nachbarin/Ihrem Nachbarn die Informationen weiter. Ihre Nachbarin/Ihr Nachbar macht Notizen.

   a) Ralf Matuschek:

   ....

   ....

   ....

   b) Heinrich und Julia Neumann. Julia Neumann erzählt:

   Unsere Wohnung ist im ersten Stock. Wir wohnen seit zwei Jahren in Dresden, aber das Leben in der Stadt gefällt uns nicht. Wir sind schon alt und wir möchten in unser kleines Dorf zurück.

   Sie erzählen: Er heißt Heinrich Neumann. Er und seine Frau wohnen seit zwei Jahren in Dresden...

   c) Familie Becker:

   ....

   ....

   ....

   d) Maria Fischer erzählt:

   Ich bin in Polen geboren. Ich habe 41 Jahre als Bibliothekarin in einem Dresdner Museum gearbeitet. Jetzt bin ich Rentnerin. Ich lebe allein und genieße meine Ruhe. Ich war eine sehr schöne Frau, aber ich habe nie geheiratet.

3. Und wer ist Andrea Holzbein? Erfinden Sie ihre Geschichte.
   Sie können zum Beispiel folgende Fragen beantworten:
   - Wo ist Andrea geboren?
   - Was macht sie in Dresden?
   - Warum sucht sie eine Wohnung?
   - Wo hat sie früher gewohnt? Mit wem?

Neugierige Fragen

START	Sie müssen plötzlich verreisen. Wo finden Sie Ihren Pass?		Was liegt im Moment auf Ihrem Schreibtisch?	Was sehen Sie beim Blick aus Ihrer Küche?	Sie sind zu Hause und haben Kopfschmerzen. Wo finden Sie Medikamente?
Was sehen Sie beim Blick aus Ihrem Schlafzimmer?	Was für Gebäude stehen neben Ihrem Haus?	Was sieht man auf der Straße, direkt vor Ihrem Haus?		Beschreiben Sie eine Nachbarin/ einen Nachbarn.	
Was ist hinter Ihrem Haus?			Was hängt an der Wand Ihres Wohnzimmers?	Beschreiben Sie Ihre Straße.	Was für Bücher haben Sie? In welcher Sprache?
ENDE	Beschreiben Sie Ihr Lieblingszimmer.	Wo haben Sie in Ihrer Kindheit gewohnt?	In was für einem Haus möchten Sie gern wohnen?		Sie haben im Lotto 5000 Euro gewonnen. Was kaufen Sie für Ihre Wohnung?

Satzbautraining [A]

1. Kontrollieren Sie die Sätze Ihrer Nachbarin/Ihres Nachbarn.

(1) Der kleine Tisch steht neben dem Regal.

das Regal → der Bücherschrank

(2) Der kleine Tisch steht neben dem Bücherschrank.

(3) Der kleine Tisch steht zwischen dem Bücherschrank und der Tür.

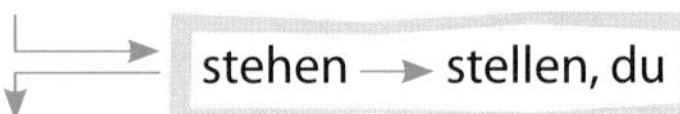

(4) Du stellst den kleinen Tisch zwischen den Bücherschrank und die Tür.

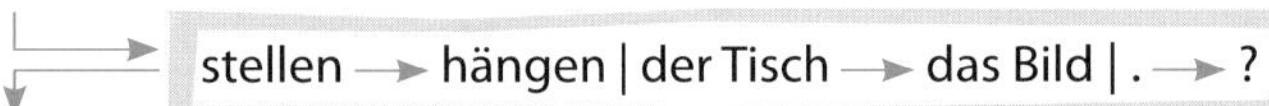

(5) Hängst du das kleine Bild zwischen den Bücherschrank und die Tür?

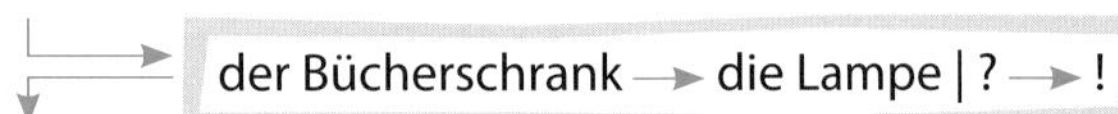

(6) Häng das kleine Bild zwischen die Lampe und die Tür!

2. Bilden Sie Sätze. Verändern Sie immer nur die vorgegebenen Wörter.

(1) Familie Kramer wohnt jetzt in einem Haus am Stadtrand.

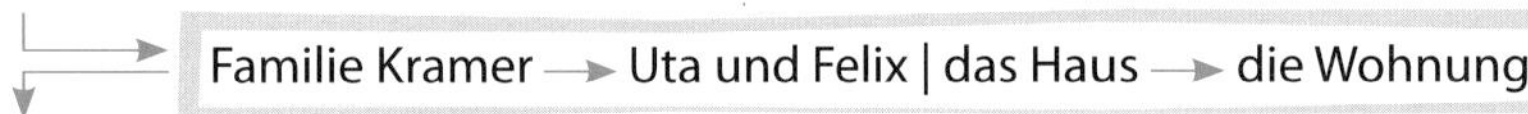

(2) ....

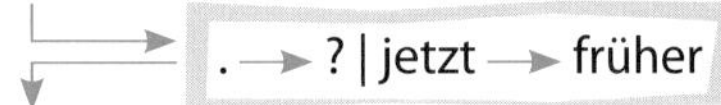

(3) ....

der Stadtrand → das Stadtzentrum

(4) ....

das Stadtzentrum → der 1. Stock

(5) ....

Uta und Felix → ich | ? → .

(6) ....

Satzbautraining [B]

1. Bilden Sie Sätze. Verändern Sie immer nur die vorgegebenen Wörter.

(1) Der kleine Tisch steht neben dem Regal.

das Regal → der Bücherschrank

(2) ....

neben, der Bücherschrank → zwischen, der Bücherschrank und die Tür

(3) ....

stehen → stellen, du

(4) ....

stellen → hängen | der Tisch → das Bild | . → ?

(5) ....

der Bücherschrank → die Lampe | ? → !

(6) ....

2. Kontrollieren Sie die Sätze Ihrer Nachbarin/Ihres Nachbarn.

(1) Familie Kramer wohnt jetzt in einem Haus am Stadtrand.

Familie Kramer → Uta und Felix | das Haus → die Wohnung

(2) Uta und Felix wohnen in einer Wohnung am Stadtrand.

. → ? | jetzt → früher

(3) Haben Uta und Felix früher in einer Wohnung am Stadtrand gewohnt?

der Stadtrand → das Stadtzentrum

(4) Haben Uta und Felix früher in einer Wohnung im Stadtzentrum gewohnt?

das Stadtzentrum → der 1. Stock

(5) Haben Uta und Felix früher in einer Wohnung im ersten Stock gewohnt?

Uta und Felix → ich | ? → .

(6) Ich habe früher in einer Wohnung im ersten Stock gewohnt.

Grammatik- und Wortschatztraining

1. Ergänzen Sie die Nomen mit Artikel.

	maskulin	feminin	neutrum	Plural
Nominativ	der Schrank	die Wand	das Regal	die Stühle
Akkusativ	....	....	....	....
Dativ	....	....	....	....

2. Ergänzen Sie die Personalpronomen.

Nominativ	ich	du	....	....	....	wir	ihr	....	Sie
Akkusativ	....	....	ihn	sie	....	....	....	....	....
Dativ	....	....	....	....	ihm	....	....	ihnen	....

3. Sammeln Sie viele passende Wörter. Achten Sie auf den Kasus und, wo nötig, auf die Präposition.
   1. Hier braucht man eine Fahrkarte:
      im Bus, ...
      ....
   2. Das kann man im Wohnzimmer finden:
      einen Tisch, ...
      ....
   3. Hier kann man essen:
      ....
      ....
   4. Das kann man in den Kühlschrank legen oder stellen:
      ....
      ....
   5. In diesen Gegenstand oder Raum kann man Bücher stellen oder legen:
      ....
      ....
   6. Auf diesen Möbeln kann man sitzen:
      ....
      ....
   7. Mit diesem Gegenstand isst man:
      ....
      ....

Wiederholungstest

1. Wie heißen die Gegenstände im Singular? Vergessen Sie den Artikel nicht.

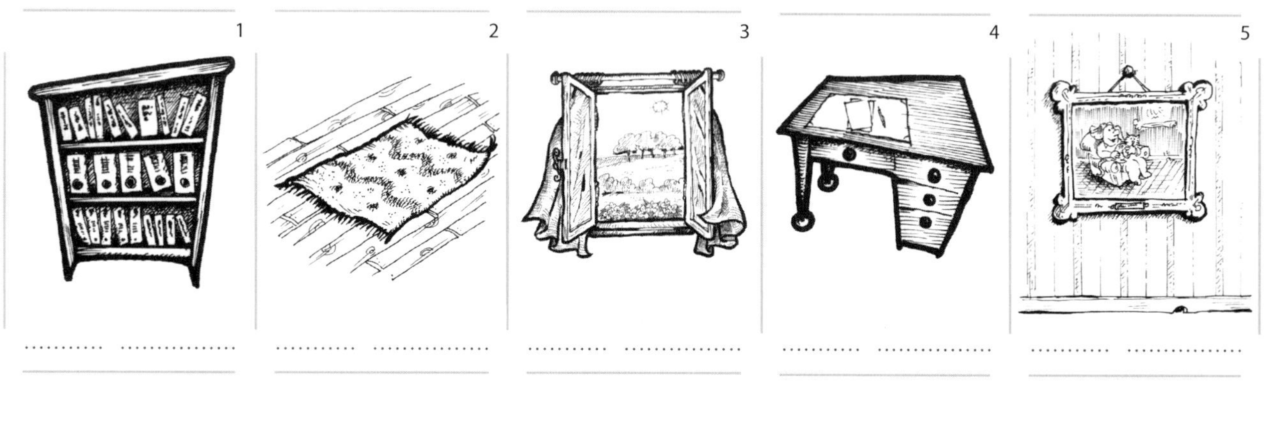

.... /5 Punkte

2. Schreiben Sie fünf Sätze über diese Wohnung.

ruhige Straße • schöne, helle Wohnung • 30 Minuten vom Stadtzentrum entfernt • drei Zimmer • 75 m^2 • Bad • Garten • Garage • Monatsmiete: 480 € + Nebenkosten

Die Wohnung ist schön und hell. ....

....

....

....

....

.... /10 Punkte

3. Ergänzen Sie den Komparativ.

1. Mein Haus ist groß, aber das Haus von Ingrid und Hans ist noch *größer*.
2. Unsere Küche ist hell, aber die Küche von Hartmut ist noch ....
3. In Frankreich wohnen viele Menschen, aber in der Türkei wohnen noch .... Menschen als in Frankreich.
4. Mein Onkel ist reich, aber deine Tante ist noch ....
5. In Südspanien ist der Sommer warm, aber in Florida ist es im Sommer noch ....
6. Ich spiele gern Tennis, aber Eishockey spiele ich noch ....

.... /5 Punkte

4. Ergänzen Sie die Präposition und den Artikel.
   1. Wohin sollen wir das Bild hängen? Hängt es *neben das* Bücherregal.
   2. Hast du meinen Schlüssel gesehen? Ja, er liegt .... d...... Küchentisch.
   3. Darf man .... d...... Wohnzimmer rauchen? Nein.
   4. Wohin soll ich diese Flasche stellen? Stell sie .... d...... Kühlschrank.
   5. Ich suche eine Wohnung .... d...... Stadtmitte.
   6. Entschuldigung, wo kann ich hier Medikamente kaufen? .... d...... Apotheke. Sie ist .... d...... Supermarkt.

.... /12 Punkte

5. *Dürfen, möchte(n), können* oder *müssen*? Ergänzen Sie die richtige Form.
   1. Papa, *darf* ich am Wochenende auf eine Party gehen?
   2. Frau Lorentz, ... Sie mich morgen um 10 Uhr anrufen?
   3. Wir .... jetzt gehen. Unser Zug fährt in 30 Minuten.
   4. Wie lange .... du heute im Büro bleiben?
   5. Ich .... einen Termin für die Wohnung in der Hegelstraße vereinbaren.
   6. Leider .... ich dich am Samstag nicht besuchen, denn ich habe keine Zeit.
   7. Das ist eine Bibliothek. Hier .... man das Handy nicht benutzen.
   8. .... ihr Karin helfen?
   9. Laura .... diese Bilder an die Wand hängen.

.... /8 Punkte

6. Ergänzen Sie die Sätze logisch. Verwenden Sie jedes Verb nur einmal.
   1. Im Arbeitszimmer kann man *arbeiten* und *telefonieren*.
   2. In der Küche kann man .... und ....
   3. Im Wohnzimmer kann man .... und ....
   4. Im Bad kann man .... und ....
   5. Auf dem Balkon kann man .... und ....
   6. Im Garten kann man .... und ....

.... /10 Punkte

Insgesamt: .... /50 Punkte

Prüfungsvorbereitung „Start Deutsch“

Bitten formulieren und darauf reagieren

Bitten formulieren und darauf reagieren

Bitten formulieren und darauf reagieren

Bitten formulieren und darauf reagieren

Bitten formulieren und darauf reagieren

Bitten formulieren und darauf reagieren

Bitten formulieren und darauf reagieren

Bitten formulieren und darauf reagieren

Bitten formulieren und darauf reagieren

Bitten formulieren und darauf reagieren

Bitten formulieren und darauf reagieren

Bitten formulieren und darauf reagieren

Geschenke

Wie heißen die Gegenstände?
Schreiben Sie die Namen und wählen Sie dann ein passendes Geschenk für Ihre Nachbarin/Ihren Nachbarn.

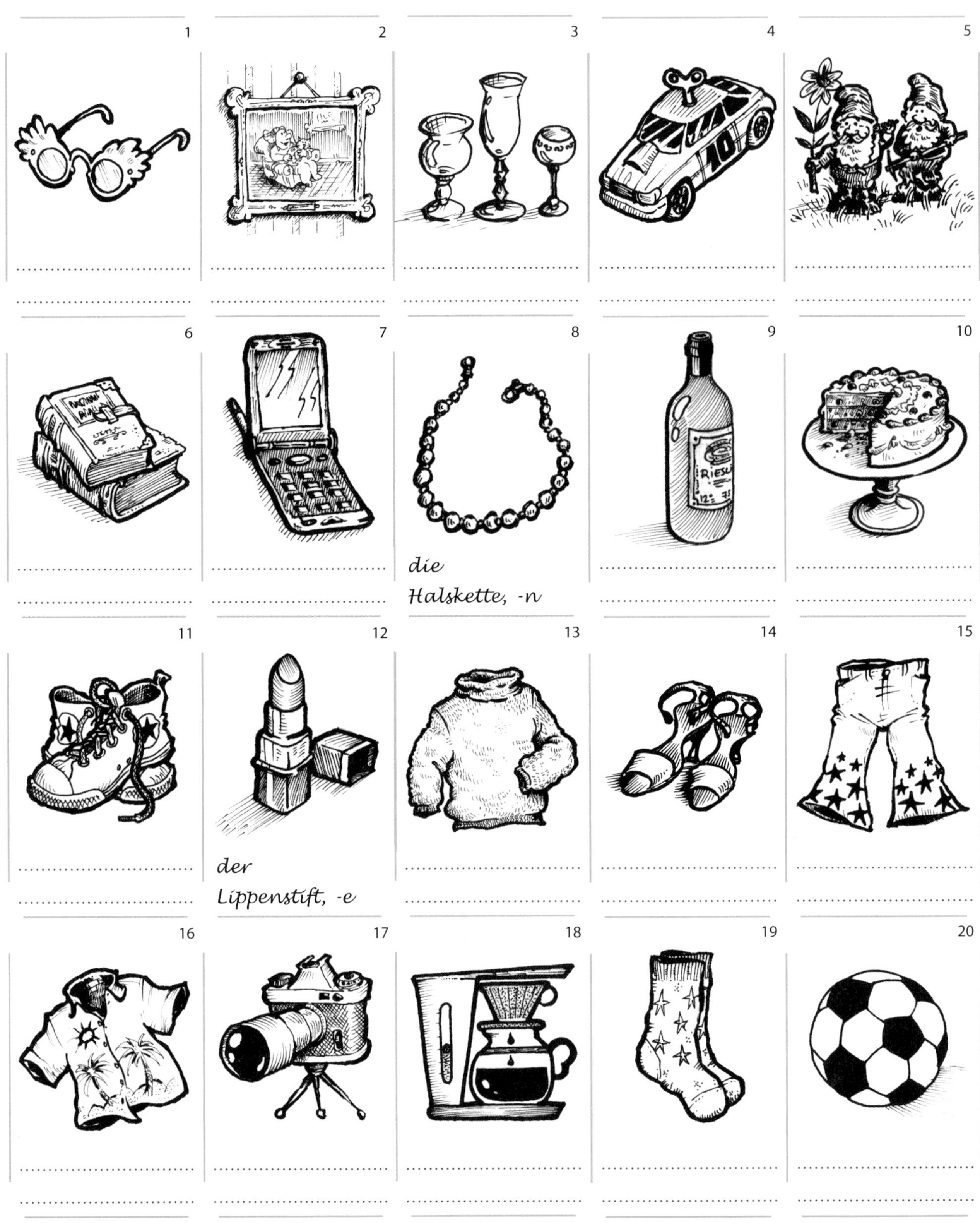

Was schenken wir …?

Karte 1

Tante Brigitte (65)

Sie mag Rockmusik, modische Kleider und liest gerne Romane.

Karte 2

Peterchen (3)

Er ist ein sehr intelligenter kleiner Junge. Er mag Autos, Spielzeuge und Kinderfilme.

Karte 3

Anette (42)

Anette ist eine sehr sportliche Frau. Sie geht gern schwimmen, Tennis spielen und tanzen.

Karte 4

Onkel Franz (62)

Er arbeitet gern im Garten und repariert Sachen. Er spielt Violine und hört gern klassische Musik.

Karte 5

Johann (31)

Johann trägt gern modische und teure Anzüge. Er fährt gern Auto und geht oft in die Diskothek.

Karte 6

Julia (22)

Julia studiert Biologie, aber sie möchte Journalistin werden. Sie liest gern moderne Literatur.

Karte 7

Joachim (57)

Joachim ist ein sehr interessanter Mensch. Er hat sehr viele Hobbys: Kunst, Fußball, Sprachen und Kochen.

Karte 8

Berta (12)

Berta ist ein Wunderkind: Einstein fasziniert sie. Sie liest viel über Mathematik und Physik. Später möchte sie Physikerin werden.

Georg kauft ein

1. Was kann man in diesen Geschäften kaufen? Sammeln Sie Wörter.

   a) Spielzeugladen:

   ....

   ....

   b) Gemüsehändler:

   ....

   ....

   c) Blumengeschäft:

   ....

   ....

   d) Kleidergeschäft:

   ....

   ....

   e) Supermarkt:

   ....

   ....

   f) Käsehändler, Geschäft für Milchprodukte:

   ....

   ....

2. Der kleine Georg kauft ein. Was kauft er? Wem?/Für wen?

seine Mutter ♦ sein Vater ♦ seine Schwester ♦ sein Bruder ♦ seine Oma ♦ sein Opa

1

2

3

4

5

6

Sind Sie ein Partymensch?

Sind Sie ein Partymensch? Beantworten Sie die Fragen und finden Sie es heraus!

1. Ihr Geburtstag ist nächste Woche. Ihre Freunde möchten für Sie eine Geburtstagsparty machen. Haben Sie Lust?
   - a) ❒ Nein! Ich werde wieder ein Jahr älter. Das muss man nicht feiern!
   - b) ❒ Natürlich will ich feiern! Ich finde, die Party ist eine gute Idee.
   - c) ❒ Gute Idee. Aber so eine Feier muss man auch gut planen.
2. Ihre Freunde haben Ihnen zum Geburtstag eine Eintrittskarte in einen Vergnügungspark geschenkt. Wann fahren Sie?
   - a) ❒ Ich fahre nicht. Ich mag keine Vergnügungsparks. Ich gebe einem Freund die Eintrittskarte.
   - b) ❒ Nächstes Wochenende. Es wird sicher lustig! Das ist ein tolles Geschenk!
   - c) ❒ Das Datum ist nicht so wichtig, aber ich möchte zusammen mit meinen Freunden in den Vergnügungspark gehen.
3. Es ist Samstag. Gestern waren Sie auf einer Party. Heute ruft Sie eine Freundin an und lädt Sie heute Abend zu einer Party ein. Wie reagieren Sie?
   - a) ❒ Ich sage sofort ab. Ich bin spät nach Hause gekommen und bin müde.
   - b) ❒ Ich nehme die Einladung natürlich an.
   - c) ❒ Ich nehme die Einladung an, aber ich gehe nicht.
4. Ihr/e beste/r Freund/in hat Ihre Geburtstagsfeier vergessen. Wie reagieren Sie?
   - a) ❒ Ich bin enttäuscht. Ich vergesse keinen Geburtstag!
   - b) ❒ Das ist nicht wichtig, wir können trotzdem feiern.
   - c) ❒ Ich kann es verstehen, denn manchmal vergesse ich auch wichtige Geburtstage.
5. Ihr Freund hat nächste Woche Geburtstag. Sie …
   - a) ❒ … tun nichts. Ihr Freund hat Ihren letzten Geburtstag vergessen.
   - b) ❒ … organisieren die Feier für ihn und laden alle Freunde ein.
   - c) ❒ … reservieren einen Tisch für zwei Personen in einem Restaurant.

Wenn Sie die meisten Fragen mit a) beantwortet haben: Sie sind definitiv kein Partymensch. Sie feiern nur ungern und Sie nehmen Partyeinladungen selten an. Sie wissen: Intime Gespräche ohne laute Musik können auch sehr schön sein.

Wenn Sie die meisten Fragen mit b) beantwortet haben: Sie lieben Partys. Sie gehen oft auf Partys und organisieren selbst Feiern. Wann haben Sie denn Zeit zum Schlafen? Achten Sie auf Ihre Gesundheit, denn dieses Tempo kann anstrengend werden.

Wenn Sie die meisten Fragen mit c) beantwortet haben: Sie gehen gern auf Partys, Sie sind ein netter Gast, aber selten Gastgeber. Seien Sie kreativ und organisieren Sie selbst ein bisschen mehr Partys! Ihre Freunde und Freundinnen nehmen Ihre Einladung mit Freude an!

Körperteile

1. *der*, *die* oder *das*? Ergänzen Sie.

> Zahn, ⸚e • Mund, ⸚er • Arm, -e • Hand, ⸚e • Finger, - • Bauch, ⸚e • Brust, ⸚e • Ellenbogen, - • Kopf, ⸚e • Auge, -n • Ohr, -en • Nase, -n • Zunge, -n • Knie, - • Fußgelenk, -e • Po, -s • Bein, -e • Haar, -e • Hals, ⸚e • Rücken, - • Fuß, ⸚e • Zehe, -n

maskulin	feminin	neutral
Zahn, ⸚e	....	....
....	....	....
....	....	....
....	....	....
....	....	....
....		....
....		
....		
....		
....		
....		

2. Was kann man mit den Körperteilen tun? Schreiben Sie Sätze.

> zum Beispiel: arbeiten • essen • hören • küssen • lachen • laufen • öffnen • schließen • sehen • tragen • waschen • spielen • singen • …

Mit den Ohren kann man hören. An den Ohren kann man Ohrringe tragen …

....

....

....

....

....

....

....

....

....

Reaktionen

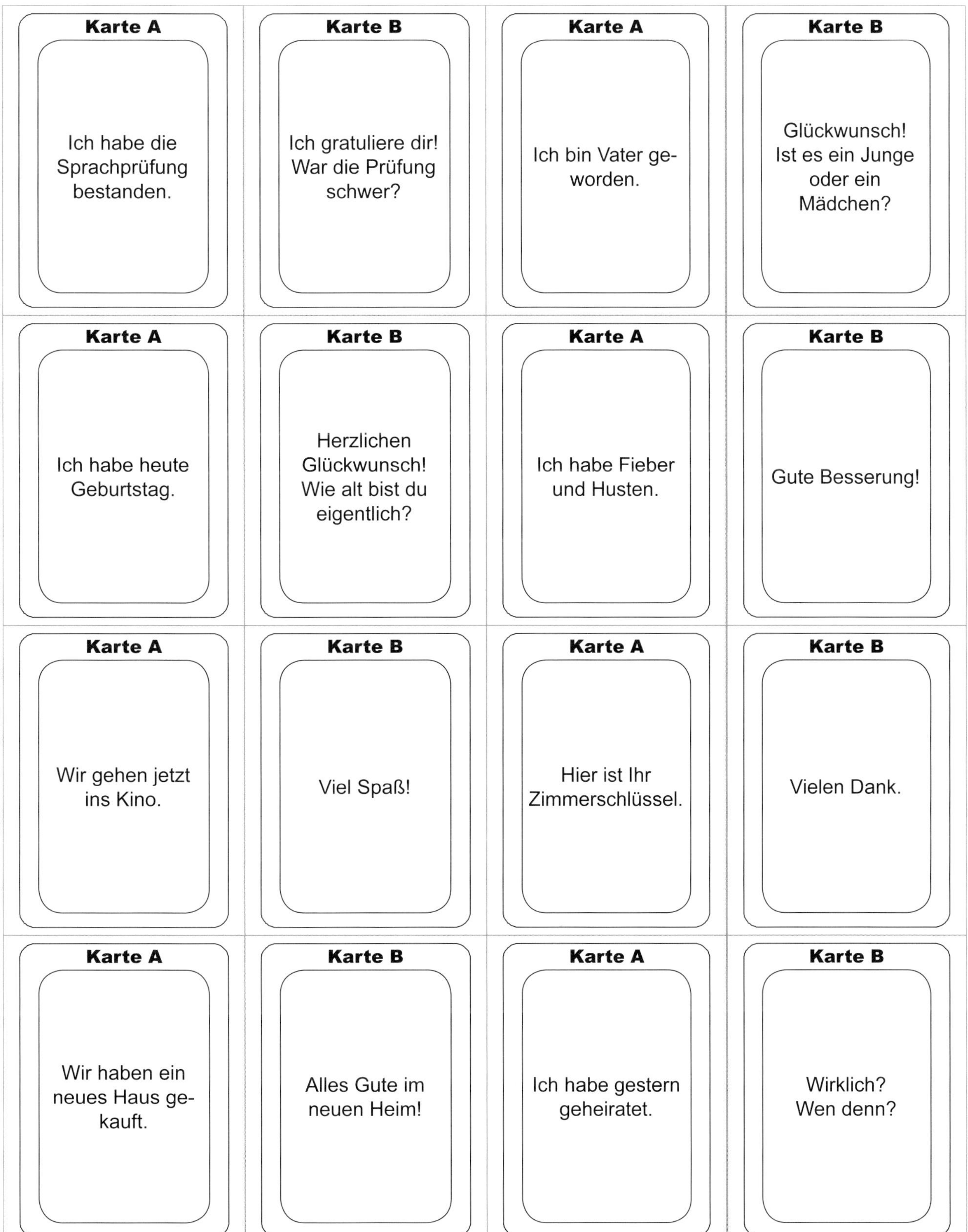
Karte A
Ich habe die Sprachprüfung bestanden.
Karte B
Ich gratuliere dir! War die Prüfung schwer?
Karte A
Ich bin Vater geworden.
Karte B
Glückwunsch! Ist es ein Junge oder ein Mädchen?
Karte A
Ich habe heute Geburtstag.
Karte B
Herzlichen Glückwunsch! Wie alt bist du eigentlich?
Karte A
Ich habe Fieber und Husten.
Karte B
Gute Besserung!
Karte A
Wir gehen jetzt ins Kino.
Karte B
Viel Spaß!
Karte A
Hier ist Ihr Zimmerschlüssel.
Karte B
Vielen Dank.
Karte A
Wir haben ein neues Haus gekauft.
Karte B
Alles Gute im neuen Heim!
Karte A
Ich habe gestern geheiratet.
Karte B
Wirklich? Wen denn?

Nachrichten

Ergänzen Sie die Sätze im Präsens und im Präteritum.
Achten Sie auf die unregelmäßigen Verben (*!*).

1. Politik

berichten • fliegen(*!*) • führen • sprechen (*!*)

a) Der Außenminister *fliegt/flog* nach Norwegen.
b) Er .... Gespräche mit seinem norwegischen Kollegen.
c) Die Minister .... über die Beziehungen zwischen Deutschland und Norwegen.
d) Die Zeitung .... über das Treffen.

2. Kultur

bewundern • eröffnen • kosten • zeigen

a) Der Präsident .... die Ausstellung.
b) Die Ausstellung .... Fotos aus der ganzen Welt.
c) Die Besucher .... auch Fotos aus Indonesien oder China.
d) Die Eintrittskarte .... 6,50 Euro.

3. Kino

drehen • gehen (*!*) • spielen • spielen

a) Dieser Film .... in Portugal.
b) Der Regisseur .... einen Film.
c) Die Schauspieler .... ihre Rollen.
d) Die Zuschauer .... ins Kino.

4. Sport

ausscheiden (*!*) • gewinnen (*!*) • kommen (*!*) • spielen • verlieren (*!*)

a) Zwei Mannschaften .... im UEFA-Pokal.
b) Eine Mannschaft .... das Spiel, die andere .... es.
c) Eine Mannschaft ...., die andere .... ins Finale.

5. Wetter

liegen (*!*) • regnen • scheinen (*!*) • sein (*!*)

a) Am Montag .... es, aber am Dienstag .... die Sonne.
b) Die Tagestemperaturen .... bei 23 bis 25 Grad.
c) Die Abende .... kühl.

Arbeitsblatt 8a

An diesem Tag … [A]

1. Was passierte an diesen Tagen? Fragen Sie Ihre Nachbarin/Ihren Nachbarn und ergänzen Sie die Informationen.

1.	**14. März 1879:**	.... wurde in Ulm geboren.
2.	**1. Januar 1982:**	Die schwedische Gruppe ABBA gab in Stockholm ihr letztes Konzert.
3.	**1. Januar 2002:**	Man führte den .... ein.
4.	**17.11.1865:**	Louis Pasteur entdeckte die ....
5.	**4.7.1954:**	In Bern siegte die deutsche Nationalmannschaft 3:2 gegen Ungarn und wurde Fußball-Weltmeister.
6.	**19. August 1936:**	Federico Garcia Lorca, spanischer Dichter, starb.
7.	**19. Dezember 1915:**	Der deutsche Neurologe .... starb in Breslau (heute: Wrocław, Polen).
8.	**21. Dezember 1898:**	Pierre und Marie Curie entdeckten das ....
9.	**15. März 1493:**	Kolumbus kehrte von seiner ersten amerikanischen Expedition nach Spanien zurück.
10.	**16.1.1920:**	Die Prohibition (das Alkohol-Verbot) begann in den USA. Sie dauerte .... Jahre.

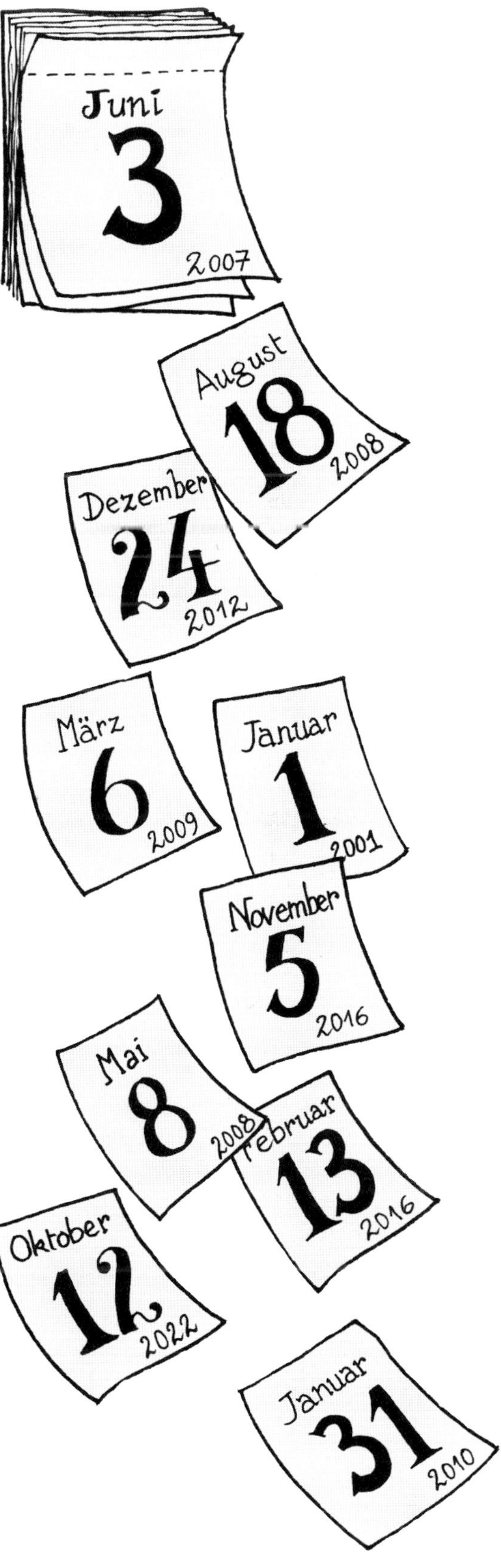

2. Geben Sie den Infinitiv und das Perfekt der Verben an.

An diesem Tag … [B]

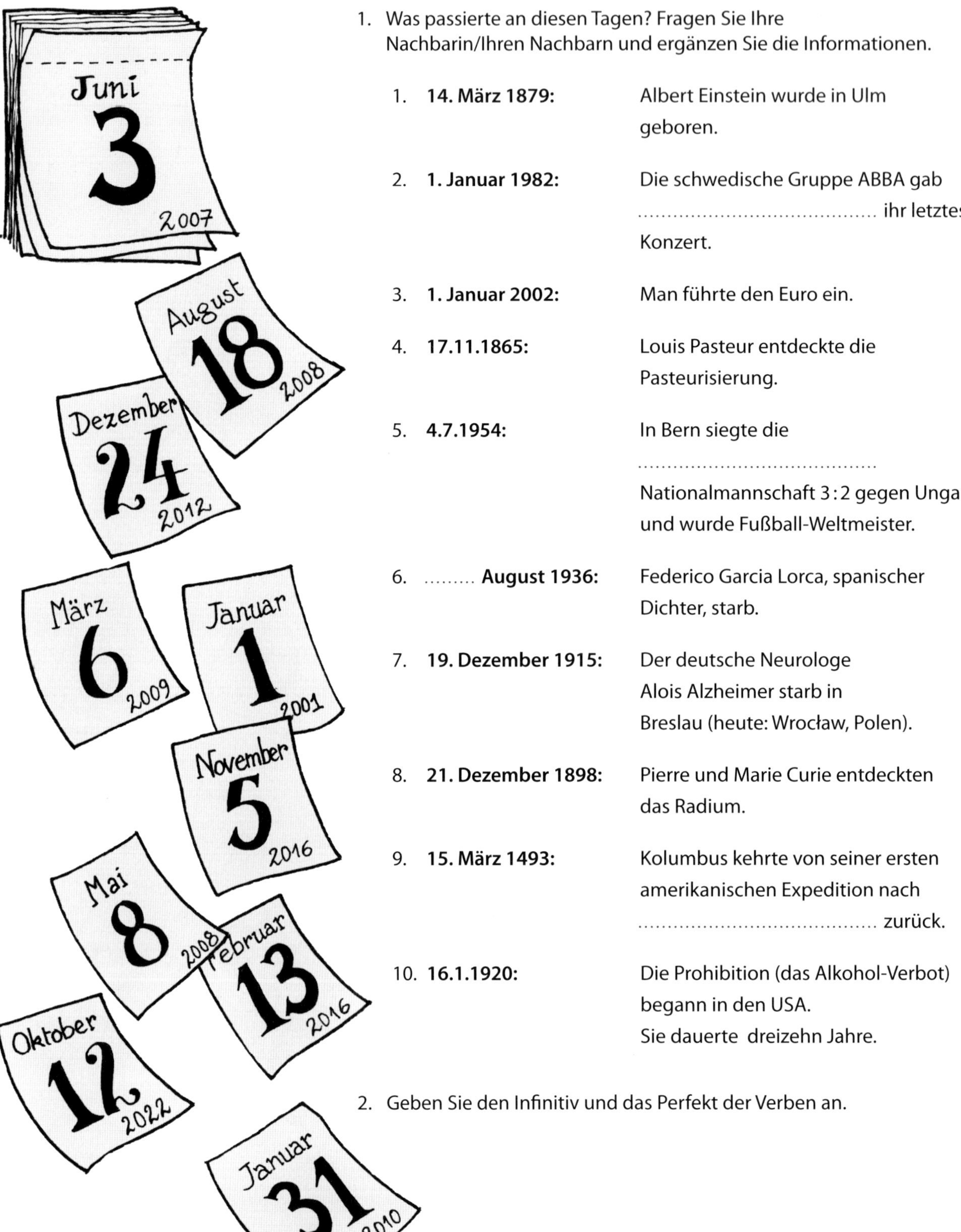

1. Was passierte an diesen Tagen? Fragen Sie Ihre Nachbarin/Ihren Nachbarn und ergänzen Sie die Informationen.

1.	**14. März 1879:**	Albert Einstein wurde in Ulm geboren.
2.	**1. Januar 1982:**	Die schwedische Gruppe ABBA gab .... ihr letztes Konzert.
3.	**1. Januar 2002:**	Man führte den Euro ein.
4.	**17.11.1865:**	Louis Pasteur entdeckte die Pasteurisierung.
5.	**4.7.1954:**	In Bern siegte die .... Nationalmannschaft 3:2 gegen Ungarn und wurde Fußball-Weltmeister.
6.	.... **August 1936:**	Federico Garcia Lorca, spanischer Dichter, starb.
7.	**19. Dezember 1915:**	Der deutsche Neurologe Alois Alzheimer starb in Breslau (heute: Wrocław, Polen).
8.	**21. Dezember 1898:**	Pierre und Marie Curie entdeckten das Radium.
9.	**15. März 1493:**	Kolumbus kehrte von seiner ersten amerikanischen Expedition nach .... zurück.
10.	**16.1.1920:**	Die Prohibition (das Alkohol-Verbot) begann in den USA. Sie dauerte dreizehn Jahre.

2. Geben Sie den Infinitiv und das Perfekt der Verben an.

Satzbautraining [A]

1. Kontrollieren Sie die Sätze Ihrer Nachbarin/Ihres Nachbarn.

   (1) Nehmen Sie Ihre Tabletten ein!

   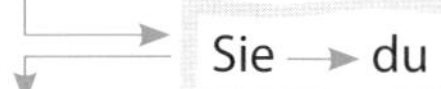

   (2) Nimm deine Tabletten ein!

   (3) Hast du deine Tabletten eingenommen?

   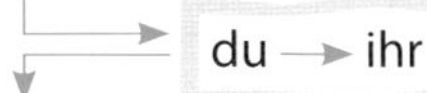

   (4) Habt ihr eure Tabletten eingenommen?

   (5) Habt ihr diese Tabletten gekauft?

   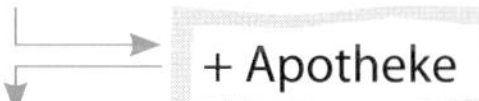

   (6) Habt ihr diese Tabletten in der Apotheke gekauft?

   ihr → wir | ? → .

   (7) Wir haben diese Tabletten in der Apotheke gekauft.

2. Bilden Sie Sätze. Verändern Sie immer nur die vorgegebenen Wörter.

   (1) Wir wollen im August nach Griechenland fahren.

   Präsens → Präteritum

   (2) ....

   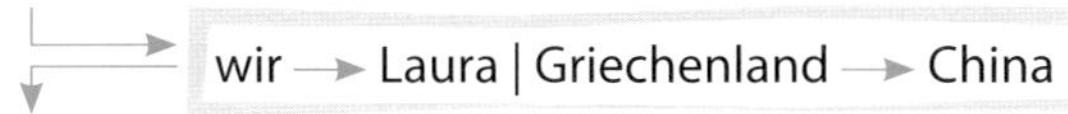

   (3) ....

   wollen → müssen | August → Herbst

   (4) ....

   Warum? | Laura → du | . → ?

   (5) ....

   fahren müssen → fahren

   (6) ....

   du → ihr | China → Türkei

   (7) ....

Arbeitsblatt 9b

Satzbautraining [B]

1. Bilden Sie Sätze. Verändern Sie immer nur die vorgegebenen Wörter.

(1) Nehmen Sie Ihre Tabletten ein!

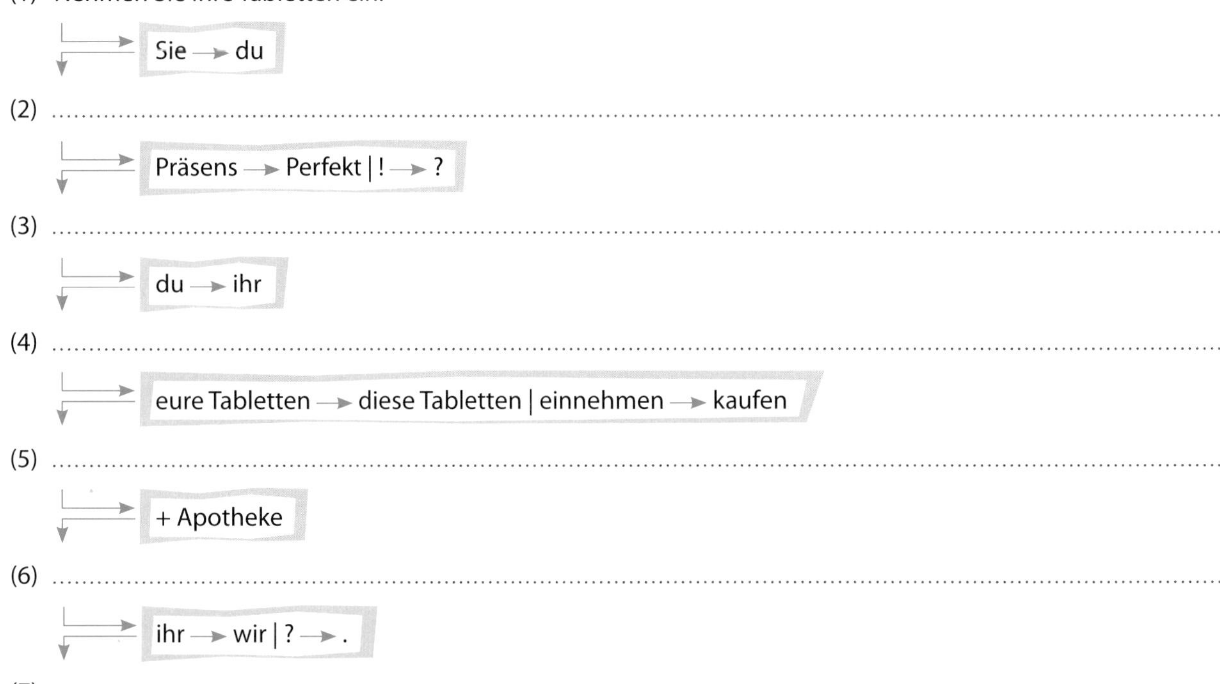

Sie → du

(2) ....

Präsens → Perfekt | ! → ?

(3) ....

du → ihr

(4) ....

eure Tabletten → diese Tabletten | einnehmen → kaufen

(5) ....

+ Apotheke

(6) ....

ihr → wir | ? → .

(7) ....

2. Kontrollieren Sie die Sätze Ihrer Nachbarin/Ihres Nachbarn.

(1) Wir wollen im August nach Griechenland fahren.

Präsens → Präteritum

(2) Wir wollten im August nach Griechenland fahren.

wir → Laura | Griechenland → China

(3) Laura wollte im August nach China fahren.

wollen → müssen | August → Herbst

(4) Laura musste im Herbst nach China fahren.

Warum?, Laura → du | . → ?

(5) Warum musstest du im Herbst nach China fahren?

fahren müssen → fahren

(6) Warum bist du im Herbst nach China gefahren?

du → ihr | China → Türkei

(7) Warum seid ihr im Herbst in die Türkei gefahren?

Grammatik- und Wortschatztraining

1. Ergänzen Sie das Präteritum der Modalverben.
   Achtung: Einige Verben bilden das Perfekt mit *sein*.

	können	müssen	dürfen	wollen	sollen
ich	*konnte*	....	....	....	....
du	....	....	....	....	....
er/sie/es/man	....	....	....	....	....
wir	....	....	....	....	....
ihr	....	....	....	....	....
sie/Sie	....	....	....	....	....

2. Was konnten/mussten usw. Sie gestern machen? Bilden Sie viele Sätze.

3. Ergänzen Sie das Präsens und das Perfekt.

Präsens	Präteritum	Perfekt
er/sie spielt	er/sie spielte	*er/sie hat gespielt*
....	er/sie eröffnete	....
....	er/sie flog	....
....	er/sie verlor	....
....	er/sie war	....
....	er/sie bezahlte	....
....	er/sie lief	....
....	er/sie arbeitete	....
....	er/sie erzählte	....
....	er/sie stand auf	....
....	er/sie reservierte	....
....	er/sie sagte ab	....
....	er/sie schrieb	....
....	er/sie trank	....
....	er/sie aß	....
....	er/sie gewann	....
....	er/sie heiratete	....

Wiederholungstest

1. Schreiben Sie zehn Körperteile mit Artikel auf. Zeichnen Sie auch einen Pfeil vom Wort zum Körperteil.

.... die Nase

....

....

....

....

....

.... /10 Punkte

2. Was dürfen/müssen diese Leute (nicht) tun? Bilden Sie Sätze mit *dürfen* oder *müssen* in der richtigen Form.

   1. Petra hat Halsschmerzen. *Sie darf nicht viel sprechen.*
   2. Kirsten hat Fieber. *Sie* ....
   3. Oliver und Karl haben Kopfschmerzen. *Sie* ....
   4. Ich habe Ohrenschmerzen. *Du* ....
   5. Wir sind sehr müde. *Ihr* ....
   6. Herr Tannenbaum möchte besser Englisch sprechen.

      Er ....

.... /10 Punkte

3. Bilden Sie Sätze im Präteritum.

   1. Michael: uns gestern Abend nicht besuchen können – zu seinen Eltern fahren müssen
      Michael konnte uns gestern Abend nicht besuchen, denn er musste zu seinen Eltern fahren.
   2. ich: gestern früh aufstehen müssen – um 8 Uhr einen Termin haben
      ....
   3. wir: euch nicht anrufen können – keine Zeit haben
      ....
   4. Claudia und Ulrich: nicht nach Paris fahren wollen – schon vor zwei Jahren in Paris sein
      ....
   5. Tanja: nicht ins Kino gehen dürfen – Physik-Hausaufgaben machen müssen
      ....
   6. ihr: letztes Jahr keinen Alkohol trinken dürfen – noch nicht 18 sein
      ....

.... /10 Punkte

4. Ergänzen Sie das Verb in der richtigen Form.

   1. Ich kann nicht gut *sehen*. Ich brauche eine Brille.
   2. Diese Tabletten müssen Sie zweimal am Tag ....
   3. Ich möchte gern einen Termin beim Arzt ....
   4. .... Sie bitte Ihren Namen, denn ich habe ihn nicht gut verstanden.
   5. Heute Vormittag haben wir sechs Briefe ....
   6. Unser Bürgermeister hat am 21. März die Foto-Ausstellung ....
   7. Ich möchte dich und deine Freundin zu meiner Geburtstagsfeier ....

.... /6 Punkte

5. Ergänzen Sie die Personalpronomen und, wo nötig, die Artikelendungen.

   Es ist Weihnachten. Hannelore kauft Geschenke.

   1. Sie kauft *ihrer* Mutter ein*e* Uhr.
   2. Sie hat auch einen Bruder. Sie kauft .... ein...... Hemd.
   3. Ihr Vater mag Reisen. Sie schenkt .... ein...... Reisetasche.
   4. Sie schenkt ihr................ Großvater ein...... Roman von Max Frisch.
   5. Die Oma von Hannelore mag Blumen. Hannelore schenkt .... ein...... Vase.
   6. Die Tante und der Onkel von Hannelore fotografieren gern. Hannelore schenkt .... ein...... Fotoapparat.

.... /10 Punkte

6. Ergänzen Sie die Präpositionen und die Artikelendungen.

   1. Sandra war gestern *im* Kino.
   2. Sascha soll heute .... Bett bleiben.
   3. Was macht ihr .... Wochenende?
   4. Morgen gehen wir .... Fitness-Studio.
   5. Frau Becker musste .... ihr...... Sohn Abendessen kochen.
   6. Willst du heute Abend .... ein...... italienischen Restaurant essen?
   7. Wann fahren wir .... mein...... Schwester?

.... /9 Punkte

Insgesamt: .... /55 Punkte

Prüfungsvorbereitung „Start Deutsch"

Lesen Sie die beiden E-Mails. Sind die Sätze richtig oder falsch? Kreuzen Sie an.

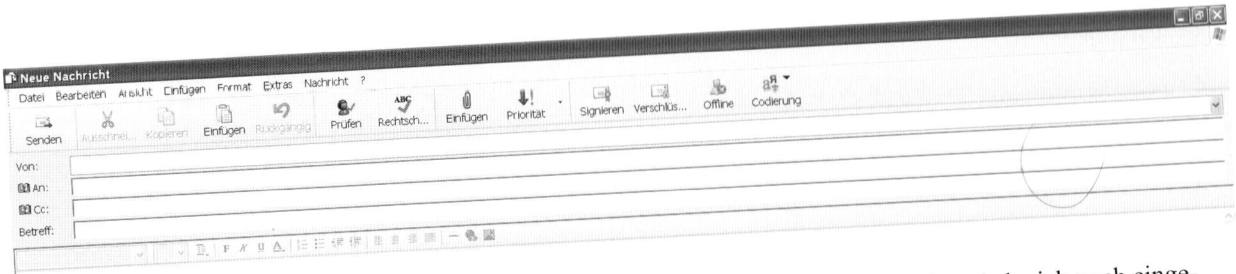

Neue Nachricht
Datei Bearbeiten Ansicht Einfügen Format Extras Nachricht ?
Senden Ausschnei... Kopieren Einfügen Rückgängig Prüfen Rechtsch... Einfügen Priorität Signieren Verschlüs... Offline Codierung
Von:
An:
Cc:
Betreff:

Lieber Guido,
leider konnte ich dich gestern Abend nicht anrufen. Ich musste bis 19 Uhr arbeiten, dann habe ich noch eingekauft und das Abendessen gekocht. Dann wollte ich telefonieren, aber es war schon 23 Uhr!
Aber heute Abend bin ich schon um 17 Uhr zu Hause und ich kann dich gegen 18 Uhr anrufen.
Bis dann
Paula

		richtig	falsch
1.	Paula ist gestern in der Nacht nach Hause gekommen.	❐	❐
2.	Paula möchte Guido heute Vormittag anrufen.	❐	❐

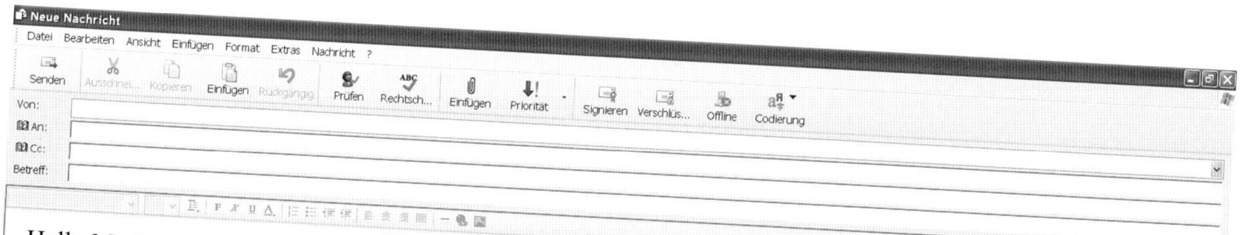

Neue Nachricht
Datei Bearbeiten Ansicht Einfügen Format Extras Nachricht ?
Senden Ausschnei... Kopieren Einfügen Rückgängig Prüfen Rechtsch... Einfügen Priorität Signieren Verschlüs... Offline Codierung
Von:
An:
Cc:
Betreff:

Hallo Maria,
ich hoffe, es geht dir gut.
Warst du am Samstag auf der Geburtstagsparty von Elena? Wie war die Party? Hat Elena viele Geschenke bekommen? Was hast du ihr geschenkt?
Ich konnte leider nicht kommen, denn ich war krank. Ich hatte Fieber und Schnupfen, ich bin das ganze Wochenende im Bett geblieben und habe mindestens zwanzig Tabletten eingenommen!!! Zum Glück bin ich jetzt wieder gesund.
Möchtest du morgen nach der Arbeit mit mir Kaffee trinken gehen? Dann kannst du mir alles über die Party erzählen!
Bitte bringe auch mein Spanischbuch mit, ich brauche es nächste Woche. Danke.
Liebe Grüße
Elke

		richtig	falsch
3.	Elke möchte Maria sehen.	❐	❐
4.	Elena hat Elke zu einer Geburtstagsparty eingeladen.	❐	❐
5.	Elke ist seit letztem Wochenende krank.	❐	❐

Die Autorinnen danken Ingrid Grigull für die Erstellung des Lösungsteils.

Kapitel 1: Arbeitsblatt 2 (Seite 42)

1. der Architekt, die Architektin
2. der Ingenieur, die Ingenieurin
3. der Maler, die Malerin
4. der Arzt, die Ärztin
5. der Mechaniker, die Mechanikerin
6. der Kommissar, die Kommissarin
7. der Kellner, die Kellnerin
8. der Koch, die Köchin

Kapitel 1: Arbeitsblatt 5 (Seite 45)

Marta: Ich heiße Marta. Ich bin geschieden. Ich bin von Beruf Mathematiklehrerin. Meine Hobbys sind Gitarre spielen und Popmusik hören.

Martin: Der Bruder von Hans heißt Martin. Er studiert Informatik in Bremen. Martin ist ledig. Er spricht eine Fremdsprache. Das ist Englisch. Sein Hobby ist Computerprogramme schreiben.

Hans Behrens: Hans Behrens arbeitet als Chemiker bei BASF in Ludwigshafen. Er ist mit Susanne verheiratet. Sie *(Pl.)* haben zwei Kinder./Er *(Sg.)* hat zwei Kinder. Seine Hobbys sind Tennis spielen und Briefmarken sammeln.

Susanne: Susanne ist die Frau von Hans. Sie ist die Mutter von Maximilian und Marie. Susanne ist Managerin bei BASF. Ihr Hobby ist Kriminalromane lesen.

Maximilian: Maximilian ist der Sohn von Hans und Susanne. Er ist der Bruder von Marie. Er ist vier Jahre alt. Sein Hobby ist Fußball spielen.

Marie: Marie ist die Tochter von Hans und Susanne. Sie ist die Schwester von Maximilian. Sie ist acht Jahre alt. Ihr Hobby ist im Chor singen.

Kapitel 1: Arbeitsblatt 10 (Seite 52)

1. **singen:** ich singe, du singst, er/sie/es singt, wir singen, ihr singt, sie singen, Sie singen
   spielen: ich spiele, du spielst, er/sie/es spielt, wir spielen, ihr spielt, sie spielen, Sie spielen
   lernen: ich lerne, du lernst, er/sie/es lernt, wir lernen, ihr lernt, sie lernen, Sie lernen
2. **arbeiten:** ich arbeite, du arbeitest, er/sie/es arbeitet, wir arbeiten, ihr arbeitet, sie arbeiten, Sie arbeiten^
   heißen: ich heiße, du heißt, er/sie/es heißt, wir heißen, ihr heißt, sie heißen, Sie heißen
   lesen: ich lese, du liest, er/sie/es liest, wir lesen, ihr lest, sie lesen, Sie lesen
   sprechen: ich spreche, du sprichst, er/sie/es spricht, wir sprechen, ihr sprecht, sie sprechen, Sie sprechen
   sein: ich bin, du bist, er/sie/es ist, wir sind, ihr seid, sie sind, Sie sind

Kapitel 1: Arbeitsblatt 11 (Seite 53/54)

1a. Ich komme aus Düsseldorf. Ich wohne in Berlin. Meine Telefonnummer ist (030) 24 76 54 99. Ich bin 36 Jahre alt. Ich arbeite als Kellnerin. Ich spreche gut Englisch und ein bisschen Finnisch. Meine Hobbys sind Tennis und Singen. Ich höre gern Popmusik. Ich bin verheiratet. Mein Mann arbeitet als Busfahrer.

1b. 36 Jahre – Kellnerin – verheiratet – Berlin – Tennis und Singen

2. liest – Spielt – Sind – kommt – Sammelst

3. Spanien – Deutsch – England – Chinesisch – Italienisch – Portugiesisch

4. **b)** achtzehn **c)** zwanzig **d)** dreiundfünfzig **e)** zwölf **f)** vierundsiebzig **g)** einhunderteinunddreißig

5. **2.** Spielen Sie Fußball?/Spielst du Fußball?
   3. Wie ist Ihre/deine Telefonnummer?
   4. Woher kommen Sie?/Woher kommst du?
   5. Wo arbeiten Sie?/Wo arbeitest du?

Kapitel 1: Arbeitsblatt 12 (Seite 55)

2. Wie bitte? Wie alt sind Sie?
   Wie bitte? Woher kommen Sie?/Aus welchem Land kommen Sie?
   Wie bitte? Wo wohnen Sie?/Wie heißt Ihr Wohnort?
   Wie bitte? Wie ist Ihre Telefonnummer?
   Wie bitte? Sind Sie verheiratet?
   Wie bitte? Was ist Ihre Muttersprache?
   Wie bitte? Sprechen Sie Fremdsprachen?/Welche Fremdsprachen sprechen Sie?
   Wie bitte? Was sind Sie von Beruf?
   Wie bitte? Was sind Ihre Hobbys?/Welche Hobbys haben Sie?

Kapitel 2: Arbeitsblätter 1a und b (Seite 56/57)

Fehlende Gegenstände: Papier im Drucker, Wörterbuch, Laptop, drei Bleistifte, Handy, Kugelschreiber, Kaffeetasse

Kapitel 2: Arbeitsblatt 4 (Seite 61)

maskulin: Bleistift, Computer, Drucker, Fußball, Kugelschreiber, Roman, Schreibtisch, Stuhl, Terminkalender, Tisch

feminin: Kaffeemaschine, Lampe, Rechnung, Zeitung

neutral: Büro, Papier, Regal, Sprachbuch, Telefon, Wörterbuch

Kapitel 2: Arbeitsblatt 10 (Seite 69)

1. **ich:** mein Vater, meine Mutter, mein Kind, meine Freunde
   du: dein Vater, deine Mutter, dein Kind, deine Freunde
   er/es: sein Vater, seine Mutter, sein Kind, seine Freunde
   sie: ihr Vater, ihre Mutter, ihr Kind, ihre Freunde

wir: unser Vater, unsere Mutter, unser Kind, unsere Freunde
ihr: euer Vater, eure Mutter, euer Kind, eure Freunde
sie: ihr Vater, ihre Mutter, ihr Kind, ihre Freunde
Sie: Ihr Vater, Ihre Mutter, Ihr Kind, Ihre Freunde

Kapitel 2: Arbeitsblatt 11 (Seite 70/71)

1. die Maus, der Terminkalender, der Roman/das Buch, der Schreibtisch, der Drucker
2. **2.** nicht **3.** nicht **4.** nicht **5.** kein **6.** nicht
3. **2.** Wir hören gern Rockmusik.
   3. Der Drucker ist kaputt.
   4. Ich kann gut schwimmen.
   5. Können Sie Klavier spielen?
   6. Clara fährt am Dienstag nach Dortmund.
4. **2.** Ihre Nachbarin kann gut tanzen.
   3. Ihr Mann und ich arbeiten zusammen.
   4. Euer altes Auto ist schön.
   5. Unsere Tochter sammelt Briefmarken.
   6. Meine Telefonnummer ist 4 55 38 71.
5. **2.** Kocht **3.** kochen **4.** kochen **5.** besuchen **6.** besucht **7.** Besuchen **8.** besuchen **9.** fährt **10.** Fährst **11.** fahre
6. **2.** Ich habe ein großes Problem. (b)
   3. Das Buch ist nicht interessant, es ist langweilig. (c)
   4. Das Wochenende ist der Samstag und der Sonntag. (c)
   5. Am Dienstag lernen wir Japanisch. (b)
   6. Mein Stuhl ist unbequem. Ich kann nicht sitzen. (c)

Kapitel 3: Arbeitsblatt 2 (Seite 74)

Im Satz ist kein Akkusativ:
Er ist der neue Informatiker. (sein + Nom.)
Der Preis ist inklusive Frühstück. (sein + Nom.)
Kyoto ist eine japanische Stadt. (sein + Nom.)
Ich zahle mit Kreditkarte.
Kommst du auch aus Köln?
Im Satz gibt es einen Akkusativ:
Ich habe ein Problem. (haben + Akk.)
Gibt es hier ein Hotelrestaurant? (es gibt + Akk.)
Gut, wir nehmen das Zimmer. (nehmen + Akk.)
Lesen Sie die E-Mail von Klara. (lesen + Akk.)
Brauchst du meine Handynummer? (brauchen + Akk.)
Lesen Sie den Text. (lesen + Akk.)
Trinken Sie auch einen Kaffee? (trinken + Akk.)
Am Freitag besuche ich den Englischen Garten. (besuchen + Akk.)
Ich schreibe einen Kriminalroman. (schreiben + Akk.)
Ich rauche fünf Zigaretten pro Tag. (rauchen + Akk.)
Hören Sie den Dialog. (hören + Akk.)
Spielen Sie kleine Gespräche. (spielen + Akk.)

Kapitel 3: Arbeitsblatt 10 (Seite 84)

1. **1.** siehe Kursbuch S. 65
2. **1.** Nom. + Nom. (sein): ein bequemer Stuhl (m), eine helle Lampe (f), ein modernes Faxgerät (n)
   2. Nom. + Akk. (brauchen): einen neuen Fernseher (m), eine neue Lampe (f), ein neues Faxgerät (n)
   3. Nom. + Akk. (kosten): ein neuer Computer (m), eine neue Brille (f), ein neues Auto (n)
   4. Nom. + Akk. (sehen): einen modernen Laptop (m), eine moderne Kaffeemaschine (f), ein modernes Telefon (n)
   5. Nom. + Akk. (es gibt): einen alten Turm (m), eine alte Bibliothek (f), ein schönes Museum (n)
   6. Nom. + Nom. (sein): eine große Bibliothek (f), ein großes Sekretariat (n)

Kapitel 3: Arbeitsblatt 11 (Seite 85/86)

1. **2.** die Post **3.** die Bank **4.** die Universität **5.** das Hotel **6.** der Supermarkt
2. **2.** Brauchen **3.** möchten **4.** Siehst **5.** lese **6.** fahrt
3. **2.** einen Fernseher **3.** ein Auto **4.** eine Brille **5.** ein Radio/einen CD-Spieler **6.** ein Telefon
4. **2.** ein griechisches **3.** ein neues **4.** ein schönes **5.** Meine alte **6.** ein großes
5. **2.** Ist die Lampe kaputt? **3.** Wann hat das Museum geöffnet? **4.** Zahlen Sie/Zahlst du bar? **5.** Wie ist Ihre/deine Adresse? **6.** Spielen Sie/Spielst du (gern) Gitarre?
6. **2.** die Tür schließen **3.** aus München kommen **4.** einen Kaffee trinken **5.** als Mathematiklehrer arbeiten **6.** der Computer funktioniert

Kapitel 3: Arbeitsblatt 12 (Seite 87)

1. **1.** richtig **2.** richtig **3.** richtig
2. **1.** a **2.** a

Kapitel 4: Arbeitsblatt 1 (Seite 88)

1. geht's – habe – nimmst – sind – liegt – sehe – nehme – nehme – möchten – möchte – lebst
2. *Verben ohne Vokalwechsel:* gehen, liegen, leben
   Verben mit Vokalwechsel: essen, nehmen, sehen
   besondere Verben: haben, sein, möchte(n)

Kapitel 4: Arbeitsblatt 7 (Seite 96)

siehe Kursbuch S. 94

Kapitel 4: Arbeitsblatt 10 (Seite 100)

1. **ich** koche, trinke, esse, nehme, möchte, kaufe, bestelle, mag
   du kochst, trinkst, isst, nimmst, möchtest, kaufst, bestellst, magst
   er/sie/es/man kocht, trinkt, isst, nimmt, möchte, kauft, bestellt, mag
   wir kochen, trinken, essen, nehmen, möchten, kaufen, bestellen, mögen

ihr kocht, trinkt, esst, nehmt, möchtet, kauft, bestellt, mögt
sie/Sie kochen, trinken, essen, nehmen, möchten, kaufen, bestellen, mögen

2. *Beispiele:*
   a) die Tomate, der Tee, das Törtchen
   b) die Apfelsine, der Aal, das Apfelkompott
   c) die Kartoffel, der Kaffee, das Kalbfleisch
   d) die Sahne, der Saft, das Salatgemüse
   e) die Butter, der Brotaufstrich, das Brot
   f) die Süßspeise, der Honig, das Ei

Kapitel 4: Arbeitsblatt 11 (Seite 101/102)

1. **2.** das Glas, die Gläser **3.** die Serviette, die Servietten **4.** die Kaffeetasse, die Kaffeetassen **5.** die Gabel, die Gabeln **6.** der Apfel, die Äpfel
2. **2.** süßer Wein **3.** süße Birnen **4.** ein großes Stück Kuchen **5.** warmes/heißes Wasser **6.** teures Restaurant
3. **2.** eine Tomatensuppe und das Schnitzel **3.** einen anderen Teller **4.** Den Apfelkuchen und den Obstsalat **5.** ein gekochtes Ei **6.** frischen Fisch – keinen Alkohol **7.** eine Scheibe – ein Brötchen
4. **2.** möchte – kostet **3.** ist **4.** nehme – mag **5.** essen – Ist – bekomme
5. **2.** a **3.** a **4.** b **5.** b **6.** a
6. *Beispiele:*
   1. der Tee, der Kaffee, der Saft
   2. der Apfel, die Birne, die Pflaume
   3. die Sahne, der Käse, der/das Joghurt
   4. der Salat, die Gurke, der Kohl

Kapitel 5: Arbeitsblatt 10 (Seite 116)

1. ich habe gearbeitet, ich bin gekommen, ich habe eingekauft, ich habe besucht, ich habe getrunken, ich habe gegessen, ich habe gesprochen, ich habe angerufen, ich habe begonnen, ich habe studiert, ich habe kopiert, ich habe gespeichert, ich habe gewohnt, ich habe vereinbart
   ich habe gemacht, ich habe gelesen, ich habe gebucht, ich habe gehört, ich habe getanzt, ich habe gefrühstückt, ich habe bezahlt, ich bin aufgestanden, ich bin gegangen, ich habe übersetzt, ich bin gefahren, ich habe geschlafen, ich habe geschrieben, ich habe angefangen, ich habe eingeschaltet

Kapitel 5: Arbeitsblatt 11 (Seite 117/118)

1. **1.** Karl kommt am dritten Juni um siebzehn Uhr dreißig an.
   2. Der Deutschkurs beginnt am siebzehnten Fünften um achtzehn Uhr.
   3. Die Fotoausstellung hat vom zweiten Sechsten bis sechzehnten Achten geöffnet.
   4. Das Flugzeug aus Lissabon landet am zweiundzwanzigsten Zwölften um zweiundzwanzig Uhr fünfundvierzig.
   5. Die Konferenz endet am ersten März.
2. **2.** installieren **3.** erhalten/bekommen **4.** gespeichert **5.** schalte ihn aus (fahre ihn runter) **6.** drucken
3. meine Waschmaschine – einen Termin – der Monteur; hat der Monteur – keine Zeit; meine Waschmaschine; das ist der 12.5.; den Monteur; Ihre Adresse – Ihre Telefonnummer
4. **2.** mag **3.** müsst **4.** soll (muss) **5.** Möchtet **6.** Kannst
5. **2.** habe gefrühstückt **3.** haben gegessen **4.** hat angefangen **5.** habe gearbeitet **6.** bin gefahren **7.** bin gekommen **8.** hat eingekauft – gekocht **9.** haben diskutiert **10.** bin gegangen
6. **2.** a **3.** b **4.** c **5.** b **6.** a

Kapitel 5: Arbeitsblatt 12 (Seite 119)

1. **1.** richtig **2.** falsch **3.** falsch
2. **1.** a **2.** b

Kapitel 6: Arbeitsblatt 2 (Seite 122)

1. **a)** der Winter, der Frühling, der Sommer, der Herbst
   b) der Januar, der Februar, der März, der April, der Mai, der Juni, der Juli, der August, der September, der Oktober, der November, der Dezember
   c) der Montag, der Dienstag, der Mittwoch, der Donnerstag, der Freitag, der Samstag/Sonnabend, der Sonntag
   d) der Morgen, der Vormittag, der Mittag, der Nachmittag, der Abend
   e) der Sturm, der Wind, der Orkan, der Regen, der Hagel, der Schnee, der Frost, der Sonnenschein, der Nebel, der Donner, der Blitz
2. **a)** die Wärme, die Kälte, die Hitze, die Sonne, die Wolke
   b) die Nacht

Kapitel 6: Arbeitsblatt 5 (Seite 125)

1. **1.** Koffer **2.** Sommerkleid **3.** Hose **4.** Bikini **5.** Schuhe **6.** Schuhe **7.** Sommerkleid **8.** Zeit **9.** Zeit **10.** Hose **11.** Bikini **12.** Schuhe **13.** Bluse **14.** Rock **15.** Schrank **16.** Blusen **17.** Röcke **18.** Sachen **19.** Hosen **20.** Hemden **21.** Sachen **22.** Blusen **23.** Rock **24.** Hose **25.** Hemd **26.** Schuhe **27.** Bluse **28.** Rock
2. das Sommerkleid, die Sommerkleider; die Hose, die Hosen; der Bikini, die Bikinis; der Schuh, die Schuhe; das Kleid, die Kleider; die Bluse, die Blusen; der Rock, die Röcke; das Hemd, die Hemden
2. 6, 7, 16, 17, 19, 20 stehen im Nominativ, alle anderen Nomen im Akkusativ.

Kapitel 6: Arbeitsblätter 6a und b (Seite 126/127)
Unterschiede und Ergänzungen:
Frau und Herr Berg sind nur sieben Tage in Rom geblieben.
Das Hotel war schön, aber laut.
Der Eintritt ins Kolosseum war nicht frei, die Karten kosteten 4,50 Euro pro Person.
Frau Berg hat sich viele Kleidungsstücke gekauft: ein Kleid, eine Bluse, zwei Paar Schuhe, einen Rock und einen Bikini.
Sie haben nicht nur das Kolosseum und die Vatikanischen Museen, sondern auch den Petersdom besichtigt.
Der Fotoapparat ihres Mannes war am dritten Tag kaputt, deshalb konnten sie nicht so viele Fotos machen.

Kapitel 6: Arbeitsblatt 10 (Seite 132)
1. **essen:** Iss! Esst! Essen Sie!
   trinken: Trink! Trinkt! Trinken Sie!
   fahren: Fahr! Fahrt! Fahren Sie!
   nehmen: Nimm! Nehmt! Nehmen Sie!
   aufstehen: Steh auf! Steht auf! Stehen Sie auf!
   lesen: Lies! Lest! Lesen Sie!
   spielen: Spiel! Spielt! Spielen Sie!
   sprechen: Sprich! Sprecht! Sprechen Sie!
   warten: Wart(e)! Wartet! Warten Sie!
   schreiben: Schreib! Schreibt! Schreiben Sie!

Kapitel 6: Arbeitsblatt 11 (Seite 133/134)
1. **2.** die Bluse **3.** das T-Shirt **4.** die Hose **5.** die Turnschuhe **6.** der Rock
2. **a)** Es ist Herbst in London. Es ist kühl und die Temperatur beträgt 10 Grad./Das Thermometer zeigt 10 Grad/Es sind 10 Grad. Heute scheint die Sonne nicht. Es ist bewölkt und regnerisch./Es regnet.
   b) Heute friert es und es ist sehr kalt. Die Temperatur beträgt minus 7 Grad./Es sind minus 7 Grad./ Das Thermometer zeigt minus 7 Grad. Auch weht ein starker/heftiger Wind.
3. **1.** in **2.** nach **3.** zu **4.** an **5.** auf **6.** mit – nach
4. **2.** uns **3.** ihn **4.** ihr **5.** sie **6.** Ihnen
5. **2.** Ja, bitte besuch mich morgen!
   3. Ja, bitte kauf heute Abend Brot!
   4. Ja, bitte schaltet den Fernseher/ihn aus!
   5. Ja, nimm ihn/den Obstsalat, …
   6. Nein, fahren Sie nicht!
6. nach – Wann – Vormittags – Zug – umsteigen – komme … an – Rückfahrt – einfache – einfache – Klasse – Sitzplatz – Gleis/Bahnsteig – Gleis/Bahnsteig – Wiedersehen

Kapitel 6: Arbeitsblatt 12 (Seite 135)
Rückflug: 17. Januar **nach:** Lima/Peru **Erwachsene:** zwei **Klasse:** zweite **Zahlungsweise:** MasterCard **Wohnsitz:** Deutschland

Kapitel 7: Arbeitsblatt 1 (Seite 136)
1a. 2. der Sitzplatz, die Sitzplätze
3. das Schlafzimmer, die Schlafzimmer
4. die Turnschuhe *(Pl.)*
5. das Kochbuch, die Kochbücher
6. das Wohnzimmer, die Wohnzimmer
7. die Waschmaschine, die Waschmaschinen
8. die Mietwohnung, die Mietwohnungen
9. der Tanzkurs, die Tanzkurse
10. die Fahrkarte, die Fahrkarten
11. das Parkverbot, die Parkverbote
12. der Treffpunkt, die Treffpunkte
1b. 14. die Lesebrille, die Lesebrillen
15. der Anreisetag, die Anreisetage
2. 2. In diesem Zimmer isst man.
3. Mit dieser Maschine kopiert man.
4. In diesem Anzug schläft man.
5. Auf diesem Platz kann man spielen.
6. An diesem Tag reist man ab.
7. In diesem Zimmer arbeitet man.
8. Hier ist Rauchen verboten.
9. An dem/diesem Tag arbeitet man.
10. Auf diesem Platz darf man parken.

Kapitel 7: Arbeitsblatt 2 (Seite 137)
Lückentext: Wohnungen, Zwei-Zimmer-Wohnung, Bad, Wohnzimmer, Balkon, Garten, Garten, Erdgeschoss, Garten, Nebenkosten, Nebenkosten, Zimmer, Bad, Balkon, Wohnzimmer, Etage, Miete, Bad, Balkon, Zwei-Zimmer-Wohnung, Stadtrand, Spielplatz, Etage, Stadtrand, Nebenkosten, Wiederhören

Kapitel 7: Arbeitsblatt 10 (Seite 148)
1.

	maskulin	*feminin*	*neutrum*	*Plural*
Nom.	der Schrank	die Wand	das Regal	die Stühle
Akk.	den Schrank	die Wand	das Regal	die Stühle
Dativ	dem Schrank	der Wand	dem Regal	den Stühlen

2. **Nominativ:** ich, du, er, sie, es, wir, ihr, sie, Sie
   Akkusativ: mich, dich, ihn, sie, es, uns, euch, sie, Sie
   Dativ: mir, dir, ihm, ihr, ihm, uns, euch, ihnen, Ihnen

Kapitel 7: Arbeitsblatt 11 (Seite 149/150)
1. **1.** das Bücherregal **2.** der Teppich **3.** das Fenster **4.** der Schreibtisch **5.** das Bild
2. *Mögliche Sätze:* Die (schöne und helle) Wohnung ist 75 qm groß. Sie hat drei Zimmer mit Bad. Ein Garten und eine Garage gehören auch dazu. Sie liegt in einer ruhigen Straße. Die Wohnung/Die Straße ist 30 Minuten vom Stadtzentrum entfernt. Die Wohnung kostet 480 Euro plus Nebenkosten.
3. **2.** heller **3.** mehr **4.** reicher **5.** wärmer **6.** lieber